Juegos de Lectura
LECTURA EFICAZ

LOS MAPAS DEL AGUA

Bruño

GRUPO ANAYA

¿A QUÉ JUGAMOS?

2

SALIDA

3

Las reglas del juego

PASO 1 Leed el texto y observad atentamente la cubierta y la contracubierta de vuestro libro *Los mapas del agua.*

PASO 2 Leed estas pistas para saber cómo va a mejorar vuestra lectura.

LEO Y COMPRENDO

LEO Y PIENSO

LEO A MI ALREDEDOR

LEO EN VOZ ALTA

→ Comprenderé todo tipo de textos.
→ Organizaré mis ideas.
→ Leeré mejor en voz alta.

CONOZCO LA LENGUA

→ Aprenderé el significado de las palabras y cómo emplearlas.

ENTRENO MI VISTA

→ Sabré concentrarme mejor.

ENTRENO MI MEMORIA

→ Reforzaré mi memoria visual.

ESCUCHO Y COMPRENDO

→ Comprenderé mejor las lecturas que escucho.

¿Qué necesitas?

➡ Fichas de color para cada jugador.
➡ Un dado.

¡ME GUSTA LEER!

1 ¿Quién crees que son los personajes que ves?

CONTRACUBIERTA

2 ¿Qué cualidad especial tienen las mujeres-agua?

3 ¿Quién es la sucesora de la última mujer-agua?

4 ¿Qué problema hay con ella?

5 ¿Qué ocurre con el agua del pozo?

PASO 3 Tapad las pistas con una hoja de papel.

PASO 4 Organizaos en grupos de 3 o 4 participantes. Uno de vosotros arbitrará el juego y dirá si las respuestas son válidas.

PASO 5 El primer jugador tira el dado y avanza las casillas que indique (puede iniciar el juego el participante que saque el número más alto).

PASO 6
■ Si cae en una casilla vacía, pierde la vez.
■ Si cae en una casilla con círculo de color, tiene que explicar en qué le ayudará este tipo de actividad.
■ Si cae en una casilla numerada, contestará a la pregunta sobre la cubierta y la contracubierta.

PASO 7
■ Si aciertas, adelantas una casilla.
■ Si fallas, retrocedes dos casillas y pasas el turno a otro jugador.

PASO 8 Gana quien llegue primero a la meta.

JUEGO 1

LEE EN SILENCIO

Puedes consultar el libro las veces que lo necesites

¡Empezamos!

Lee los **capítulos 1, 2 y 3** y, después, realiza las actividades.

➡ **En el desierto, el agua es tan valiosa como...**

a el sol.

b la luna.

c las calabazas.

d la sangre.

➡ **¿Cómo llaman a la Vieja Contadora?**

a La mujer-agua.

b La mujer-arena.

c La mujer-desierto.

d La mujer-cielo.

➡ **¿Qué nace de la pelea de un wondjina con un pez?**

a Un pozo.

b Un arroyo.

c Un río.

d Un lago.

➡ **Los poblados del desierto se organizan alrededor de...**

a una hoguera.

b un pozo.

c un árbol.

d un arbusto.

➡ **Marca las tres afirmaciones que son verdaderas.**

☐ Una calabaza puede salvar a los pueblos de todo el desierto.

☐ La Vieja Contadora solo habla a los niños del pueblo.

☐ Solo las N'Wone saben dónde está el agua.

☐ En el desierto hay algunos árboles de profundas raíces.

☐ Solo existe una Vieja Contadora para todos los pueblos.

☐ Los ríos y los lagos forman parte de las leyendas del puelo.

➡ **¿Qué pasa si una N'Wone no tiene hijos o si son todo chicos?**

☐ Enseñan a los chicos.

☐ Buscan a una recién nacida.

☐ El poblado desaparece.

☐ Se juntan con otro pueblo.

➡ **¿Por qué todos los poblados necesitan tener una N'Wone?**

....

....

....

Juega con las palabras

Busca cada palabra en la página indicada del libro. Lee el párrafo en el que está para deducir su significado.

➡ **Escribe el número de cada palabra junto a su significado.**

1 **buche** (página 9)

2 **calabaza** (página 9)

3 **lumbre** (página 10)

4 **vientre** (página 10)

5 **embobados** (página 10)

6 **leyendas** (página 11)

7 **agallas** (página 11)

8 **tamborileo** (página 12)

9 **guijarros** (página 12)

10 **inhóspitos** (página 14)

☐ Que se quedan admirando algo.

☐ Sonido del tambor o parecido a este.

☐ Porción de agua que llena la boca inflando los carrillos.

☐ Lugares poco acogedores y en los que no se puede vivir.

☐ Narraciones fantásticas que se transmiten por tradición.

☐ Pequeñas piedras de formas redondeadas.

☐ Fruto de carne naranja que puede usarse como recipiente.

☐ Fuego que se enciende para guisar, calentar o alumbrar.

☐ Branquias u órganos respiratorios de los peces.

☐ Parte del cuerpo que se encuentra en la barriga.

➡ **Señala las oraciones en las que la palabra resaltada se usa correctamente**

☐ La **lumbre** hay que comerla a menudo porque tiene mucha fibra.

☐ Si te atragantas, es aconsejable beber un **buche** de agua.

☐ Se le rompió un **vientre** y tuvo que ir al dentista.

☐ Hay varios cangrejos sobre los **guijarros** de la orilla del río.

➡ **Elige una palabra de la actividad anterior de la que no conocías su significado o te parezca difícil. Escribe una oración con ella.**

Palabra: ....

Oración: ....

Encaja las piezas

Elige un grupo de palabras de cada columna y forma cuatro oraciones.
Escríbelas debajo.

Allí, desde que	el agua en el desierto	solo suena	una gota.
Y es que	las líneas del desierto,	y a veces	cuando cae.
Me extraña	se nace se aprende	que viva	lo hacía sola.
Le gustaba seguir	que haya gente	a no desperdiciar	en un sitio así.

1 ....

2 ....

3 ....

4 ....

Palabras clave

Lee el texto y elige las dos palabras que consideres más importantes
para resumirlo.

Además de conocer cientos de historias, la Vieja Contadora todo lo oye.
A veces, escarba el suelo con su dedo nudoso hasta hacer aparecer
la cabeza de un escarabajo o una solitaria hormiga de miel. La mujer
oye sus patas bajo la arena. Y es capaz de oír los hilos de agua que
discurren a varios pies de profundidad.

➡ **He elegido las palabras...**

.... : porque ....

.... : porque ....

Letras repetidas

Escribe las letras que se repiten en cada grupo.

A	F	U	R
S	T	J	G
E	I	F	H
B	G	C	A

_____

S	T	N	Q
L	U	P	A
O	Q	R	E
E	Y	U	M

_____

P	O	Q	C
K	D	Y	B
J	C	X	W
Y	I	E	O

_____

N	Y	P	W
S	X	H	M
O	A	V	S
P	I	X	E

_____

P	I	N	T
H	V	R	L
J	S	Z	V
N	A	H	Y

_____

T	I	L	C
H	B	J	P
Q	E	D	B
C	K	I	U

_____

¿Qué sabes de la lectura en voz alta?

Marca V o F al lado de cada afirmación, según sea verdadera (V) o falsa(F).

	V	F
1 La lectura silenciosa no sirve para nada.	☐	☐
2 Cuando se lee para los demás, se hace una lectura silenciosa.	☐	☐
3 Cuando se lee para uno mismo, se hace en voz alta.	☐	☐
4 Para evitar los nervios, lo mejor es dar la espalda al público.	☐	☐
5 Conviene preparar la lectura antes de hacerla en voz alta.	☐	☐
6 Hay que mirar a los oyentes para captar su atención.	☐	☐
7 El mensaje que lees en público debe ser claro.	☐	☐
8 Adelantarse al texto ayuda a hacer una buena lectura en voz alta.	☐	☐
9 Hay que entrenar el volumen y la pronunciación.	☐	☐
10 La velocidad debe ser siempre la misma para que sea monótono.	☐	☐

Solo con los ojos

Lee las palabras de cada etiqueta de un solo golpe de vista.

Y es que — el agua en el — el desierto solo — suena cuando

cae. Si llueve, — las gotas restallan — contra el — suelo produciendo

un tamborileo — que llena de — alegría los — corazones. Pero

una vez en — tierra, el agua — se vuelve muda.

➡ **¿Qué sonido producen las gotas cuando llueve?**

....

Lee las palabras varias veces fijando la vista en el punto.

colmena	●	ruido		griterío	●	goma		pelo	●	tambor
alas	●	velo		alero	●	cojín		récord	●	gafas
celo	●	agua		cola	●	pista		grifo	●	pila
arena	●	cola		oreja	●	toalla		salto	●	cola

➡ **¿Qué palabra se repite tres veces?** ....

Busca, en las columnas del mismo color, las palabras que son diferentes. Subráyalas en las columnas 3 y 4.

1	**2**	**3**	**4**
hoja	cuenca	hoja	cuenta
casa	sillón	casa	sillón
pareo	escoba	mareo	escoba
rechonchas	mueca	rechonchas	muela
pilón	vidrio	pilón	vidrio
tila	aire	tina	aire
colmillo	estuche	colmillo	estuche
cuatro	mazo	cuadro	lazo

Los desiertos

Lee esta información y realiza las actividades.

Los desiertos son lugares con temperaturas extremas, pocas lluvias, clima seco y suelos muy áridos, por lo que hay poca variedad de plantas y animales.

Desiertos polares

Se encuentran en los polos del Planeta.

Su suelo es de hielo.

Las temperaturas siempre son muy bajas, por debajo de los 0 °C, y pueden alcanzarse -40 °C.

Desiertos cálidos

Se encuentran cerca del Ecuador.

Su suelo es de arena.

Las temperaturas son extremas: por el día hay más de 40 °C y por las noches bajan de 0 °C y pueden llegar a -40 °C.

➡ **Indica si las siguientes afirmaciones son verdaderas (V) o falsas (F).**

	V	F
1 Todos los desiertos tienen dunas de arena.	☐	☐
2 Algunos desiertos alcanzan -40 °C de temperatura.	☐	☐
3 Los desiertos solo están en la zona del Ecuador.	☐	☐
4 Algunos desiertos alcanzan más de 40 °C de temperatura.	☐	☐
5 En los desiertos llueve poco.	☐	☐

➡ **Marca qué características tienen los desiertos polares.**

☐ Llueve con frecuencia.   ☐ El suelo está helado.

☐ Se encuentran en los polos.   ☐ Hay muchos animales.

➡ **¿Por qué en los desiertos hay poca variedad de plantas y animales?**

....

....

JUEGO 2

LEE EN SILENCIO

Puedes consultar el libro las veces que lo necesites

¡Empezamos!

Lee los **capítulos 4 y 5** y, después, realiza las actividades.

→ **Las historias se cuentan con...**

a palabras y con el diyeridú.

b música y con el diyeridú.

c palabras y con música.

→ **Los árboles son del grosor de...**

a de una acacia.

b del cuerpo de Rai.

c de la muñeca de Rai.

→ **Buscan un árbol...**

a completamente deshecho.

b hueco por dentro.

c macizo por dentro.

→ **Rai y su padre tardaron en volver...**

a un día.

b dos días.

c tres días.

→ **Nanga y su madre iban al desierto a...**

a ver las estrellas.

b escuchar a las estrellas.

c escuchar los sonidos.

→ **¿Para qué se entrena Nanga?**

a Para ser rastreadora.

b Para ser mujer-agua.

c Para ser sanadora.

→ **Marca las afirmaciones que son verdaderas.**

☐ El diyeridú utiliza el espíritu de los árboles.

☐ El bosque se componía de siete árboles.

☐ Los mokosangas se deshacen con el paso de los años.

☐ Las mujeres-agua pueden escuchar las estrellas.

☐ Cada punto en el cielo respresenta el espíritu de alguien que ha dejado la tierra.

☐ La madre de Nanga forma parte de la Gran Serpiente.

→ **Numera estas situaciones del 1 al 4, según el orden en el que suceden.**

☐ En el poblado, se rompe la cadena de las mujeres-agua.

☐ A Nanga le aburre estar tanto tiempo en silencio.

☐ El cuerpo de la Vieja Contadora se vuelve rechoncho.

☐ Nanga sale de buen grado al desierto con su madre.

Juega con las palabras

Busca cada palabra en la página indicada del libro. Lee el párrafo en el que está para deducir su significado.

➡ **Señala el significado correcto de cada una.**

1. **cima** (página 18) — ⬜ Reunir algo en cantidad.
2. **grosor** (página 19) — ⬜ Punto más alto de una montaña.
3. **termita** (página 19) — ⬜ Árbol de madera dura y con flores.
4. **hatillo** (página 20) — ⬜ Filón que contiene una sustancia.
5. **acopiar** (página 20) — ⬜ Tipo de vivienda.
6. **rama** (página 21) — ⬜ Anchura de un cuerpo u objeto.
7. **talega** (página 22) — ⬜ Lío de ropa pequeño.
8. **acacia** (página 23) — ⬜ Insecto que roe la madera.
9. **veta** (página 24) — ⬜ Bolsa de tela ancha y corta.
10. **choza** (página 28) — ⬜ Parte del árbol donde crecen las hojas.

Texto numerado

Lee este texto numerado.

1. Al principio, Nanga se desesperaba
2. y regresaba al poblado
3. llorando. Aunque su madre le
4. había explicado el propósito
5. de esos viajes, ella se aburría
6. por estar tanto tiempo
7. en silencio. Quería jugar y
8. gritar con otros niños y niñas
9. de su edad. Quería arrastrar
10. los pies por la arena,
11. haciendo ruidos, como todo
12. el mundo. Y cuando pudo
13. entender qué era eso
14. de ser una mujer-agua
15. y su importancia, se negó
16. a seguir aprendiendo. Ella
17. no quería ser una N'Wone.
18. ¡Nunca podría ser una
19. N'Wone! Pero su madre y
20. su abuela fueron inflexibles.
21. Cuando tuvo edad de entenderlo
22. le explicaron que en el
23. poblado era necesario que
24. hubiera rastreadores, sanadoras,
25. tejedoras de sueños
26. y contadoras de historias.

➡ **Escribe en qué línea aparecen las siguientes palabras.**

● propósito: _____   ● silencio: _____   ● abuela: _____   ● sueños: _____

Verdadero o falso

Vuelve a leer el texto de la página anterior.

➡ **Indica si las siguientes afirmaciones son verdaderas (V) o falsas (F).**

	V	F
1 Al principio, Nanga regresaba al poblado llorando.	☐	☐
2 Su madre no le había explicado el propósito de los viajes.	☐	☐
3 Nanga quería jugar con otros niños y niñas de su edad.	☐	☐
4 A Nanga le gustaba arrastrar los pies por la arena.	☐	☐
5 Cuando Nanga supo qué era ser una mujer-agua lo aceptó.	☐	☐
6 Su madre y su abuela le dejaron hacer lo que quisiera.	☐	☐
7 En el poblado había muchos oficios, todos necesarios.	☐	☐
8 Todos podían cambiar de oficio si querían hacer otra cosa.	☐	☐

En resumen

Marca el resumen que sea más apropiado para este texto.

Cuando la Vieja Contadora de Historias se enteró de la muerte de su hija, sintió un gran dolor. De repente fue como si sus piernas y sus pies se hubieran hecho mucho más pesados. Intentaba dar un paseo por el desierto, pero al poco desfallecía pensando en su hija. Con el tiempo, sus paseos se hicieron más y más cortos, hasta que llegó el momento que se conformó con andar solo desde su choza hasta la vieja acacia donde contaba sus historias.

La Vieja Contadora de Historias pierde las ganas de pasear y camina solo desde su choza hasta una acacia.

La Vieja Contadora de Historias se acomoda y pasea solo hasta la acacia que hay junto a su choza.

La Vieja Contadora de Historias está tan afectada por la muerte de su hija que deja de pasear.

Al revés

Las palabras de la columna A están escritas a la inversa en la columna B. Relaciónalas escribiendo la letra correspondiente en cada caso.

¡Fíjate en el ejemplo!

A		B	
A	paseos		anedac
B	cuerpo		odalbop
C	muslos		sahcnohcer
D	rechonchas		samar
E	esbelta		aicaca
F	ramas		satev
G	acacia		atlebse
H	poblado		solsum
I	peligro	A	soesap
J	pozos		orgilep
K	vetas		opreuc
L	cadena		sozop

A		B	
A	desierto		onitsed
B	viaje		sehcon
C	noches		otragal
D	graznido		odinzarg
E	murciélago		ojabaracse
F	arena		otreised
G	rastreador		ejaiv
H	historias		anera
I	sueños		rodaertsar
J	destino		sairotsih
K	lagarto		ogaléicrum
L	escarabajo		soñeus

¿Cómo pronuncias?

Practica con estos trabalenguas para mejorar tu pronunciación. Prepáralos en silencio antes de leerlos en voz alta.

Yo como como como,
y tu comes como comes.
Si yo como como comes,
¿cómo comes como como?

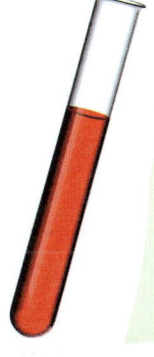

Juan tuvo un tubo, y el tubo que tuvo se le rompió, y para recuperar el tubo que tuvo, tuvo que comprar un tubo igual al tubo que tuvo y rompió.

Autoevaluación

¿Pronuncias correctamente el texto para que te entiendan con claridad?

Valóralo del 1 al 10

1   2   3   4   5   6   7   8   9   10

Solo con los ojos

Lee el texto saltando de la columna izquierda a la derecha.

A la mañana siguiente de vuelta. Un buen siempre lleva su bolsa de Rai llevaba cinco que regresaría con un carga entre ambos. Él colgadas en bandolera dos haces de leña. Su pequeñas y otro hatillo

emprendieron el camino caminante del desierto y su cuchillo, y el padre bolsas vacías, sabiendo tesoro. Distribuyó la con tres grandes talegas sobre los hombros y hijo, con dos bolsas más de leña al hombro.

➡ **¿Qué lleva siempre un buen caminante del desierto?**

_____

Lee cada pareja de palabras fijando la vista en el punto.

bosque ● recuerdo
pelota ● bolso
rama ● desierto
radio ● pozo

cartel ● goma
playa ● recreo
reloj ● agenda
bolso ● dueño

fruta ● baya
caña ● pared
paso ● bolso
vida ● humor

➡ **¿Qué palabra se repite tres veces?** _____

Escribe las palabras que se repiten en cada etiqueta y cuántas veces lo hacen.

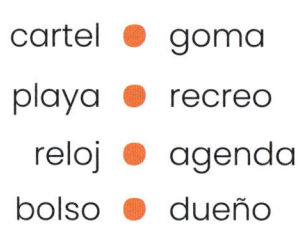

A lobo, mapa, musgo, líneas, mano, cuerpo, tronco, mapa, parte, cuerpo, mapa.

....

B tiempo, viejo, rama, cabeza, base, alma, muñeca, rama, alma, altura, rama, alma.

....

C mujer, brazos, dolor, paseos, suelo, brazos, muslos, joven, suelo, historia, suelo.

....

Nos orientamos con las estrellas

Lee esta información y realiza las actividades.

El ser humano siempre se ha orientado mirando las estrellas. Dependiendo del hemisferio de la Tierra en que se encuentra una persona, deberá mirar una constelación u otra.

En países **del hemisferio norte** (como EE. UU. o China), debe buscarse la **estrella Polar,** que indica el Norte. Esta estrella se encuentra en la Osa Menor, una constelación con forma de cometa.

En países **del hemisferio sur** (como Angola, Australia o Brasil), se toma como referencia **la Cruz del Sur.** Se alarga cinco veces la distancia del palo largo de la cruz, en la misma dirección, y ese punto indica el Sur.

Estrella Polar

Osa Menor

Osa Mayor

Cruz del Sur

➡ **Indica si las siguientes afirmaciones son verdaderas (V) o falsas (F).**

	V	F
1 La estrella Polar está en la Osa Menor.	☐	☐
2 La Osa Mayor sirve para saber dónde está la estrella Polar.	☐	☐
3 La Osa Menor tiene forma de carro.	☐	☐
4 La estrella Polar indica dónde está el Sur.	☐	☐
5 En el hemisferio norte buscan la Cruz del Sur para orientarse.	☐	☐

➡ **Marca qué países tienen que orientarse con la Cruz del Sur.**

☐ España   ☐ EE. UU.   ☐ Brasil

☐ China   ☐ Australia   ☐ Angola

➡ **¿Por qué crees que es importante orientarse con las estrellas?**

_____

JUEGO 3

LEE EN SILENCIO

Puedes consultar el libro las veces que lo necesites

¡Empezamos!

Lee los **capítulos 6, 7 y 8**, después, realiza las actividades.

→ **¿Qué oficio puede tener Rai?**

a Cazador o sanador.

b Buscador de raíces de harina.

c Rastreador o tejedor de sueños.

→ **La abuela no puede...**

a escuchar los sonidos.

b contar historias.

c adentrarse en el desierto.

→ **¿Para qué se pone el diyeridú sobre el fuego?**

a Para endurecerlo.

b Para deshacerlo.

c Para ablandarlo.

→ **¿Quién puede ayudar a acabar el diyeridú?**

a El padre.

b Los mayores.

c La abuela.

→ **Una mujer-agua debe...**

a conocer el desierto.

b recoger frutos.

c labrar la tierra.

→ **¿Cómo se viaja en el desierto?**

a En zigzag.

b En línea recta.

c En círculos.

→ **Marca las afirmaciones que son verdaderas.**

☐ Rai y el padre dejaron la leña en la puerta de la mujer sanadora.

☐ Cuando terminan de hacer el diyeridú todos aplauden a Rai.

☐ En el desierto, no hay mapas; las N'Wone son el mapa.

☐ Cuando hicieron el diyeridú, la madre de Nanga había muerto.

☐ La abuela puede llegar a la Colina Roja con mucho esfuerzo.

→ **¿Cómo es el diyeridú de Rai?**

....

→ **¿Por qué envidia Nanga a su hermano?**

....

Juega con las palabras

Busca cada palabra en la página indicada del libro. Lee el párrafo en el que está para deducir su significado.

➡ **Marca la definición correcta.**

- **pulpa** (página 30)
  - ☐ Conjunto de hojas de las plantas.
  - ☐ Parte blanda del interior de las plantas o frutos.
  - ☐ Conjunto de plantas de una misma especie.

- **brasa** (página 31)
  - ☐ Persona muy pesada.
  - ☐ Conjunto de ramas secas.
  - ☐ Leña o carbón encendidos.

- **loma** (página 38)
  - ☐ Espalda del cuerpo humano.
  - ☐ Altura pequeña y prolongada.
  - ☐ Tipo de embutido.

- **marañas** (página 37)
  - ☐ Grupo de arañas que corretean.
  - ☐ Cosas confusas o enredadas.
  - ☐ Primeras parte del día.

- **siseo** (página 30)
  - ☐ Sonido que parece tener varias erres.
  - ☐ Sonido que parece tener varias eses.
  - ☐ Acción de sisar algo, robar algo.

- **resina** (página 31)
  - ☐ Sustancia pastosa que sueltan las plantas.
  - ☐ Parte más frágil del tronco de un árbol.
  - ☐ Rocío que se acumula en las hojas.

- **detonación** (página 34)
  - ☐ Explosión.
  - ☐ Asombro.
  - ☐ Inquietud ante un cambio inesperado.

➡ **Señala los enunciados en los que la palabra resaltada se usa correctamente.**

- ☐ Tómate el bocadillo de **loma** si quieres ir al parque.
- ☐ El **siseo** de la serpiente les avisó de que estaba cerca.
- ☐ Siempre he sentido una gran **detonación** por lo que haces.
- ☐ Mucha gente se echa la **pulpa** de la naranja en el zumo.

➡ **Elige una palabra de la actividad anterior de la que no conocías su significado o te parezca difícil. Escribe una oración con ella.**

Palabra: ....

Oración: ....

Sigue las pistas

Lee las pistas y averigua cuál es el **diyeridú de Rai.**

Es recto y sin nudos.

Está ennegrecido.

Está hueco.

Tiene la base más ancha que la boquilla.

Pistas

1

2

3

4

5

➔ **El diyeridú de Rai es el número:** _____

Juega con las palabras

➔ **Ordena las palabras para formar oraciones. Escríbelas debajo.**

1 a hermano movía un de la Su hoguera se de lado otro

_____

2 que se chasquido Temía oyera un

_____

3 podían las oírlo Solo mujeres-agua

_____

4 Montaña camino hasta el Amarilla Cántame

_____

5 se resto poco contó El hace lo su abuela

_____

¡Mucha atención!

Escribe cuántas veces se repiten las letras o los números que se indican en cada recuadro.

l	a	i	d	e	l
j	d	o	f	p	r
q	b	s	k	i	x
v	p	g	u	y	t
i	w	r	g	m	p
p	f	o	z	r	h

p: .... d: ....

r: .... i: ....

0	R	N	7	O	S
T	9	I	4	W	8
M	X	Q	A	4	L
Z	N	E	2	Y	H
3	B	4	N	6	Q
D	Q	C	5	U	9

Q: .... 4: ....

N: .... 9: ....

9	1	6	4	7	8
0	2	5	8	5	6
4	1	0	3	9	7
7	6	5	9	2	4
3	7	8	5	0	7
7	9	2	6	4	1

6: .... 2: ....

8: .... 3: ....

¿Usas el volumen adecuado?

Lee cada línea del texto con la intensidad adecuada.

normal	Nanga tiene libertad de ir de un sitio a otro
alarido	por el desierto, sin pedir permiso siquiera
normal	a su padre, porque es una mujer-agua. A veces,
grito	cuando sale el sol, emprende el camino para
alarido	recorrer una, dos o tres líneas de su mapa.
normal	Son viajes cortos, en los que no lleva siquiera
susurro	su bolsa de agua. Es una manera de recordar
grito	el mapa. En ocasiones, se tiende en el suelo
susurro	y escucha. Los hilos de agua pueden ser muy delgados,
grito	y recorren el desierto en caminos caprichosos.

Autoevaluación

¿Has usado la **intensidad** y **volumen** adecuados para leer el texto?

Valóralo del **1** al **10**

1 2 3 4 5 6 7 8 9 10

Solo con los ojos

Lee las palabras de cada etiqueta de un solo golpe de vista.

Una mujer-agua no   solo debe ser   capaz de escuchar

los sonidos más débiles.   Tiene que conocer   el desierto, y para

eso debe memorizar las   líneas que unen   unos puntos con

otros. Nanga recuerda   que parte   de ese camino lo hizo

con su madre.   El resto se lo   contó su abuela   hace poco.

→ **¿Con quién hizo Nanga parte de ese camino**

_____

Lee las palabras varias veces fijando la vista en el punto.

hueso ● cana	mano ● tarde	celo ● tema
camión ● nube	moto ● lápiz	taxi ● línea
cama ● coche	nube ● ruido	león ● nube
col ● día	mazo ● tallo	cal ● foco

→ **¿Qué palabra se repite tres veces?** _____

Busca las palabras que no se repiten y escríbelas.

camisón	cola	abuela	rana	templo	costa	
cola	pilar	tenedor	camisón	nieta	tazón	
rana	templo	abuela	cola	pilar	tazón	

verde	gato	rosa	flor	lápiz	boli	
pato	nombre	lápiz	plato	flor	sombra	
verde	boli	nombre	plato	rosa	lápiz	

rama	leña	pala	leña	hombre	ola	
timbre	sal	cordón	timbre	cubo	hombre	
sal	comba	comba	cordón	ola	leña	

¿Cómo recoger agua en el desierto?

Lee esta información y realiza las actividades.

La dificultad de conseguir agua en el desierto ha llevado al ser humano a idear diferentes formas de recogerla.

Excavación de pozos

La excavación de pozos es una técnica tradicional. Aunque encontrar agua subterránea puede ser difícil, la presencia de ciertas plantas como los árboles de hoja perenne o la vegetación puede indicar la existencia de agua subterránea. Excavar en estos lugares puede revelar fuentes de agua, aunque el esfuerzo físico necesario es considerable.

Infraestructuras para agua de la lluvia

Aunque las precipitaciones en el desierto son escasas, pueden ser intensas cuando ocurren. La infraestructura para la captación de aguas pluviales, como cisternas y sistemas de canalización, permite recolectar y almacenar esta agua para su uso durante los periodos secos. Para construir este sistema, es necesario invertir dinero.

Fuente: www.noticiasdelaciencia.com

➡ **Indica si las siguientes afirmaciones son verdaderas (V) o falsas (F).**

	V	F
La excavación de pozos es una técnica muy moderna.	☐	☐
No puede extraerse agua de las lluvias porque casi no llueve.	☐	☐
Las cisternas permiten recolectar el agua de la lluvia.	☐	☐
Cuando hay vegetación, puede haber agua subterránea.	☐	☐
Encontrar agua subterránea en el desierto es bastante sencillo.	☐	☐

➡ **¿Cuál es el inconveniente para excavar pozos?**

_____

➡ **¿Cuál es el inconveniente para recoger el agua de la lluvia?**

_____

Organiza las ideas

Fíjate en las palabras de este texto y dónde se colocan en el gráfico.

El **paisaje desértico** tiene **dunas** y **rocas**.

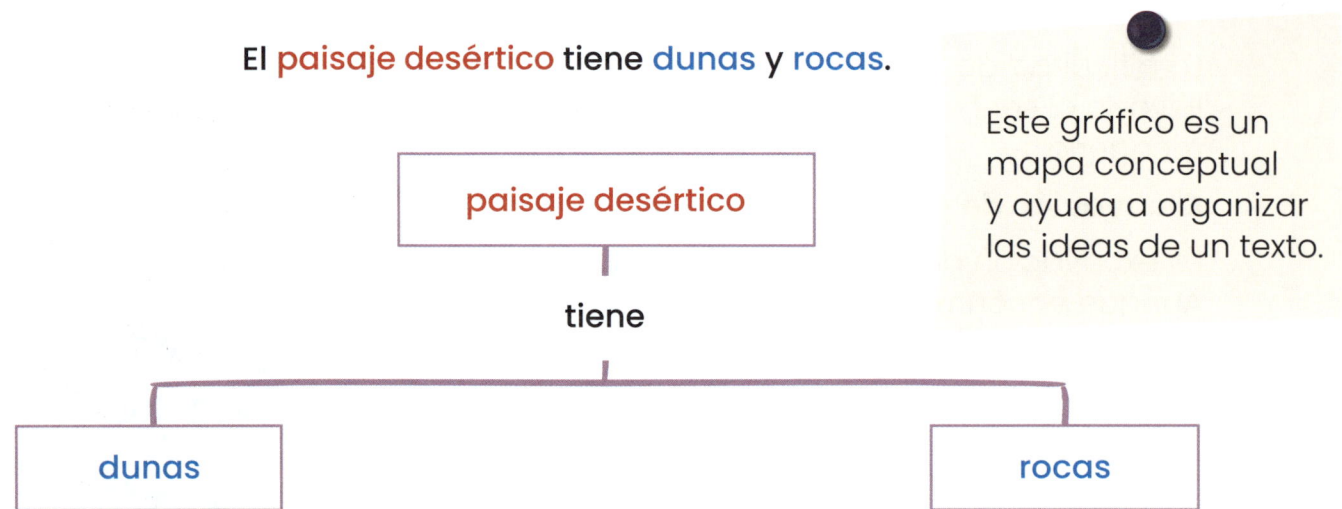

Este gráfico es un mapa conceptual y ayuda a organizar las ideas de un texto.

¡Ahora tú!

➥ **Rodea con un círculo rojo el concepto central y con círculos azules los conceptos principales. Subraya las palabras de enlace.**

> Algunas criaturas venenosas del desierto son las tarántulas, los escorpiones, los lagartos y las serpientes.

➥ **Coloca cada palabra en su lugar correspondiente.**

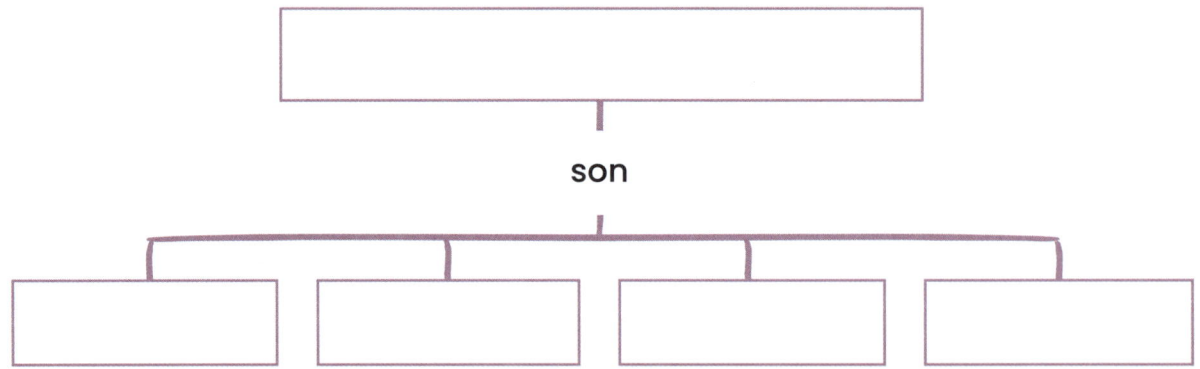

 # Peligros

**Presta atención al texto que vas a escuchar.
Luego, realiza las actividades.**

 El texto está en las páginas 20 a 22 del libro.

➡️ **¿Cuál es el peligro más importante en el desierto?**

a Perderse.

b La sed.

c El hambre.

➡️ **¿Qué lleva Nanga en los viajes largos?**

a Una cuerda.

b Una cesta.

c Una bolsa de agua.

➡️ **¿Cómo murió la madre de Nanga?**

a Se quedó sin agua.

b Se la llevo la Gran Serpiente.

c Le picó un escorpión.

➡️ **Además de un mapa de suelo, hay un mapa...**

a del interior de la tierra.

b de los ríos.

c del cielo.

➡️ **Marca las afirmaciones que son verdaderas.**

☐ La madre de Rai y de Nanga se quedó sin agua cuando murió.

☐ Los gusanos de collar negro son muy amigables.

☐ Nanga nunca viaja sola cuando hace un viaje largo.

☐ Los gusanos de collar negro palpitan al perforar la tierra.

➡️ **Marca las causas, además de la sed, por las que se muere en el desierto**

☐ Un accidente.

☐ Envenenado por comer una planta.

☐ Un desmayo.

☐ Una picadura de escorpión.

☐ Una mordedura de serpiente.

☐ El ataque de un oso.

➡️ **¿Cómo se sintieron Rai y el padre cuando murió la madre?**

....

....

➡️ **¿Qué cosas que están bajo tierra pueden oír las mujeres-agua?**

....

....

LEE EN SILENCIO

Puedes consultar el libro las veces que lo necesites

¡Empezamos!

Lee los **capítulos 9 y 10** y, después, realiza las actividades.

➡ **Según los mayores, ¿quién crea las nubes?**

a El sol y el agua.

b Los genios.

c La Gran Serpiente.

➡ **Las nubes del llanto llegan cuando los...**

a días son más cortos.

b días son más largos

c días y las noches son iguales.

➡ **¿Qué quiere encontrar Rai?**

a Una piedra-agua.

b Una piedra-estrella.

c Una piedra-corazón.

➡ **¿Cómo se llama el lugar donde pasan la noche?**

a Cabeza de Cactus.

b Cabeza de Cuervo.

c Cabeza de Cesto.

➡ **Según los mayores, ¿en qué cuatro partes está dividido el mundo?**

☐ Norte, el suelo que se ve, las montañas y las llanuras.

☐ Sur, el suelo que no se ve, el cielo cercano y el oasis.

☐ El suelo que se ve, el que no se ve, el cielo lejano y el cercano.

☐ Norte, Sur, Este y Oeste.

➡ **Marca las afirmaciones que son verdaderas.**

☐ La estación de lluvia ahora es más corta.

☐ Rai no tiene que pedir permiso para salir de caza.

☐ Rai y Nanga están en el mismo grupo de caza.

☐ Las mujeres-agua pueden escuchar las estrellas.

☐ El grupo de Rai y Nanga van a Pradera Azul.

➡ **Numera estas situaciones del 1 al 4 según el orden en el que suceden.**

☐ Cuatro adultos empiezan a tocar sus instrumentos.

☐ Llegan a Roca Partida cuando el sol está en el cénit.

☐ El grupo de cazadores se divide para ir a lugares distintos.

☐ Los cazadores salen después del amanecer.

Juega con las palabras

Busca cada palabra en la página indicada del libro. Lee el párrafo en el que está para deducir su significado.

➡ **Escribe el número de cada palabra junto a su significado.**

1 **aliento** (página 43)

2 **estación** (página 44)

3 **recolectar** (página 45)

4 **filtran** (página 45)

5 **azagaya** (página 46)

6 **cénit** (página 46)

7 **camada** (página 47)

8 **difuso** (página 47)

9 **ocre** (página 48)

10 **abrevadero** (página 51)

☐ Cada uno de los periodos en los que se divide un año.

☐ Impreciso, borroso.

☐ Aire que se expulsa al respirar.

☐ De color de amarillo oscuro.

☐ Pilón para que beban los animales.

☐ Recoger los frutos.

☐ Punto más alto que alcanza el Sol.

☐ Lanza pequeña o dardo.

☐ Cuelan algo por un filtro.

☐ Conjunto de crías de animales.

Sopa de letras

Busca las palabras de la libreta en la sopa de letras. Pueden leerse del derecho o del revés.

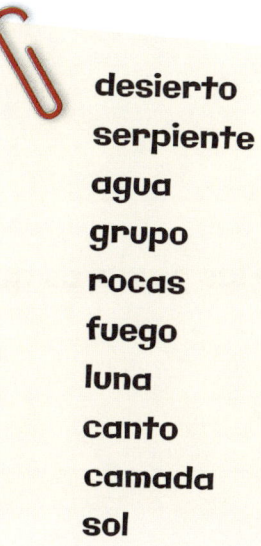

L	U	G	C	A	M	A	D	A	R
O	T	R	E	I	S	E	D	A	O
S	L	U	N	A	E	O	M	Y	C
C	A	P	T	O	R	C	A	S	A
R	T	O	S	N	P	S	C	E	S
U	O	D	O	V	I	D	A	R	I
Y	G	E	C	R	E	I	N	O	D
Ú	E	S	R	S	N	F	T	R	E
A	U	G	A	N	T	T	O	E	A
L	F	A	L	U	E	C	H	R	E

desierto

serpiente

agua

grupo

rocas

fuego

luna

canto

camada

sol

A ver si recuerdas

Recuerda las palabras de la actividad anterior y tacha las diez palabras que no estaban escritas en la libreta.

> cielo   estrella   fuego   nube   arena   agua
>
> lanza   rocas   tienda   grupo   luna   pala   canto
>
> camada   desierto   chispa   serpiente   arco   teja

Palabras clave

Lee el texto y subraya las dos palabras que consideres más importantes para resumirlo.

Antes de sentarse a comer algo y de tumbarse a dormir, todos inspeccionan el terreno. Ahora, parados, corren más peligro.

Los escorpiones, las abejas de fuego o las serpientes no suelen atacar a un humano salvo que pisen sus nidos, pero no parece que haya nidos por allí.

➡ **He elegido las palabras...**

.... : porque ....

....

.... : porque ....

....

➡ **Sin mirar el texto y usando las palabras que has subrayado, escribe un resumen de dos o tres líneas.**

....

....

....

➡ **Por último, cuenta el resumen al resto de la clase.**

¡Mucha atención!

Busca en este cuadro, lo más rápido que puedas, la solución a las preguntas que tienes debajo.

→ **¿Qué vocal falta?** ....

→ **¿Qué números se repiten tres veces?** ....

→ **¿Qué consonante se repite cuatro veces?** ....

→ **¿Qué vocal solo aparece una vez?** ....

¿Cuidas la velocidad?

Prepara la lectura en silencio. Luego lee en voz alta.

→ **Lee muy rápido las palabras en negrita y muy despacio, las subrayadas.**

A la mañana siguiente **continúan camino.** Apenas hablan. Hay que reservar saliva. Rai sigue buscando su piedra-corazón alrededor de sus pies y Nanga **de vez en cuando** otea el cielo para contemplar el vuelo de pájaros lejanos. **Hace demasiado calor** para detenerse a comer **en un lugar sin sombras,** y solo descansan un par de veces antes de alcanzar su destino. Se alegran al comprobar que Laguna Seca aún retiene **la humedad suficiente** como para que las aves y otros animales utilicen ese lugar **como abrevadero.**

Autoevaluación

¿Has usado la intensidad y volumen adecuados para leer el texto?

Valóralo del 1 al 10   1 2 3 4 5 6 7 8 9 10

Solo con los ojos

Lee las palabras de cada etiqueta de un solo golpe de vista.

Al caer la tarde,   acampan en   un alto. Nanga recuerda   el nombre: Cabeza

de Cuervo. Desde   allí puede contemplarse   un círculo ocre,   salpicado por

rocas bajo las que   se acurrucan hierbas   y pequeñas poblaciones

de insectos. Sabe   que ahora, por la   noche, lagartos y

serpientes saldrán   de sus madrigueras   para capturar sus presas.

➡ ¿Qué saldrá por la noche para capturar sus presas?

....

Lee cada pareja de palabras fijando la vista en el punto.

palco ● recepción	mosca ● marco	roca ● bolsa
gato ● pecho	barra ● metro	asa ● luz
lino ● talco	rojo ● lata	tela ● pino
lata ● cielo	litro ● codo	pelo ● lata

➡ ¿Qué palabra se repite tres veces? ....

¿Cuántas veces ser repite la primera palabra de cada serie?

tono	tipo, tino, toca, toro, tono, loro, toco, toso, topo, tomo, topo, todo, toso, toda, toro, trozo, loco, toco, tomo, toco, toso, topo, todo, toso, tono, loro, toco, toso, tomo, todo, toro.	
roca	rima, misa, rica, sisa, risa, rima, prisa, prosa, roca, risa, rica, rifa, risa, brisa, roca, lisa, rica, risa, risa, rasa, risa, roca, rosa, risa, rica, rifa, risa, rosa, risa, rica, rota,	
bolo	bota, boca, bolo, burla, bala, bono, bola, bola, beta, boca, bala, bolo, bono, boda, bola, bolo, bala, bono, boga, bota, bola, bulo, boca, bolo, beta, bulo, boda, bola, burla, boa.	

Ciclo del agua

Lee esta información y realiza las actividades.

El agua de la Tierra pasa por diferentes estados y circula por todo el planeta.

El texto está en las páginas 20 a 22 del libro.

2. Condensación
El vapor de agua se enfría y se condensa formando nubes. Algunas de estas nubes causan precipitaciones y otras se disipan.

1. Evaporación
El agua de mares océanos, ríos, lagos... se calienta por acción del sol y se evapora. Este vapor de agua sube a la atmósfera.

3. Precipitación
El agua cae a la superficie terrestre en forma de agua, nieve o granizo.

4. Recolección
- El agua superficial se acumula y fluye hacia el mar, principalmente a través de los ríos.
- También se filtra y pasa a formar parte de corrientes subterráneas que fluyen y pueden desembocar en los ríos y en el mar, o acumularse en zonas que aprovechan las plantas y animales.

→ **Indica si las siguientes afirmaciones son verdaderas (V) o falsas (F).**

	V	F
1 El agua se evapora por acción del sol.	☐	☐
2 Toda el agua subterránea llega a los ríos y al mar.	☐	☐
3 Las nubes pueden producir precipitaciones.	☐	☐
4 En la fase de evaporación, el vapor llega a la atmósfera.	☐	☐
5 En la fase de evaporación, el vapor sale de la atmósfera.	☐	☐

→ **Ordena del 1 al 4 las diferentes fases del ciclo del agua.**

☐ Recolección. ☐ Condensación.

☐ Evaporación. ☐ Precipitación.

JUEGO 5

LEE EN SILENCIO

Puedes consultar el libro las veces que lo necesites

¡Empezamos!

Lee los **capítulos 11, 12 y 13** y, después, realiza las actividades.

→ **¿Qué oído de Nanga es el mejor?**

a Los dos por igual.

b El izquierdo.

c El derecho.

d Ninguno es bueno.

→ **Para oír el agua, Nanga se tumba…**

a bocarriba.

b del lado del corazón.

c bocabajo.

d del lado del apéndice.

→ **No deben escuchar las historias de mujeres…**

a las niñas pequeñas.

b los hombres.

c la gente de otro poblado.

d los espíritus.

→ **La Vieja Contadora cuenta la historia de…**

a los-genios-creadores.

b los-dos-niños-viajeros.

c la-Gran-Serpiente-Blanca.

d los-espíritus-de-la-noche.

→ **¿Cuánto miden las raíces del árbol-de-oro respecto a sus ramas más altas?**

☐ Dos veces.

☐ Tres veces.

☐ Cuatro veces.

☐ Cinco veces.

☐ Seis veces.

☐ Son iguales.

→ **Numera estas situaciones del 1 al 4, según el orden en el que suceden.**

☐ Se ven puntos a lo lejos en la llanura.

☐ Deben comprobar que traen caza suficiente.

☐ Hay que comprobar que regresan todos.

☐ Deben ver que no haya habido un accidente.

→ **¿Cómo se llama la época en que la tierra era oscura y silenciosa?**

....

→ **¿Qué se logra al contar con un diyeridú en vez de con palabras?**

....

Juega con las palabras

Busca cada palabra en la página indicada del libro. Lee el párrafo en el que está para deducir su significado.

➔ **Señala el significado correcto de cada una.**

- **oquedades**
  (página 54)

  ☐ Cauces de los ríos u otras corrientes de agua.

  ☐ Espacios que forman un hueco en un cuerpo sólido.

  ☐ Arenas del desierto con las que se forman las dunas.

- **honda**
  (página 54)

  ☐ Arma formada con una tira de cuero para arrojar piedras.

  ☐ Palo de una sola pieza con el que se lanzan flechas.

  ☐ Escudo redondo que también se lanza al aire y regresa.

- **achaques**
  (página 55)

  ☐ Dolores abdominales que no permiten ponerse recto del todo.

  ☐ Molestias o malestares del cuerpo que se asocian a la vejez.

  ☐ Roturas del fémur que no permiten caminar durante meses.

- **brazadas**
  (página 55)

  ☐ Gestos que se hacen al remar con los brazos.

  ☐ Pequeñas carretillas que se empujan con los brazos.

  ☐ Unidades de medida del tamaño de lo que cabe en los brazos.

- **artesa**
  (página 55)

  ☐ Recipiente grande y rectangular para guardar comida.

  ☐ Tela de seda en la que se borda con hilos de oro.

  ☐ Palo tallado a mano y que los ancianos utilizan como bastón.

- **aristas**
  (página 59)

  ☐ Nobles de algunos poblados que suelen gobernarlos.

  ☐ Personas que hacen obras de arte o actividades artesanales.

  ☐ Esquinas o ángulos de la superficie de algunas cosas.

➔ **Completa las oraciones con palabras de la actividad anterior.**

- Todas las cuevas tienen _____ donde se esconden animales.

- David venció a Goliat arrojándole una piedra con una _____.

- Mi abuela cada vez pasea menos por el parque porque tiene muchos _____.

- Es una panadería tradicional, porque amasan todo en una _____

Ponle título

Escribe al lado de cada título el número que se corresponde con las oraciones.

☐ Camino agotador   ☐ La celebración

☐ Piedra-corazón   ☐ Mujeres trabajadoras

☐ Cautela

1. De pie, golpean con sus mazos rítmicamente para obtener la harina.

2. Saben que aún es pronto para alegrarse completamente.

3. Desde que se encontraron en Roca Partida han hecho el viaje sin detenerse.

4. No vale cualquier guijarro que recuerde un corazón.

5. Cada jornada de caza debe acabar con una cena y una fiesta colectivas.

Palabra intrusa

Tacha la palabra que no corresponde al sentido de las oraciones.

Por las mañanas, la Vieja Contadora se **reúnen** • **reúne** con otras **anciana** • **ancianas** del poblado. Algunas **estoy** • **están** acompañadas por **pequeños** • **pequeña** que gatean o dormitan junto a sus **cuidadoras** • **cuidadora.** Quien más quien menos, se **quejan** • **queja** de achaques. Una, de que tiene una araña en **la** • **las** cabeza que no **los** • **la** deja dormir. Otras, de dolores en las **articulaciones** • **articulación** o de **repentinos** • **repentino** ataques de sofoco.

¡Mucha atención!

Escribe cuántas veces se repiten estas imágenes.
Cuenta solo con la vista.

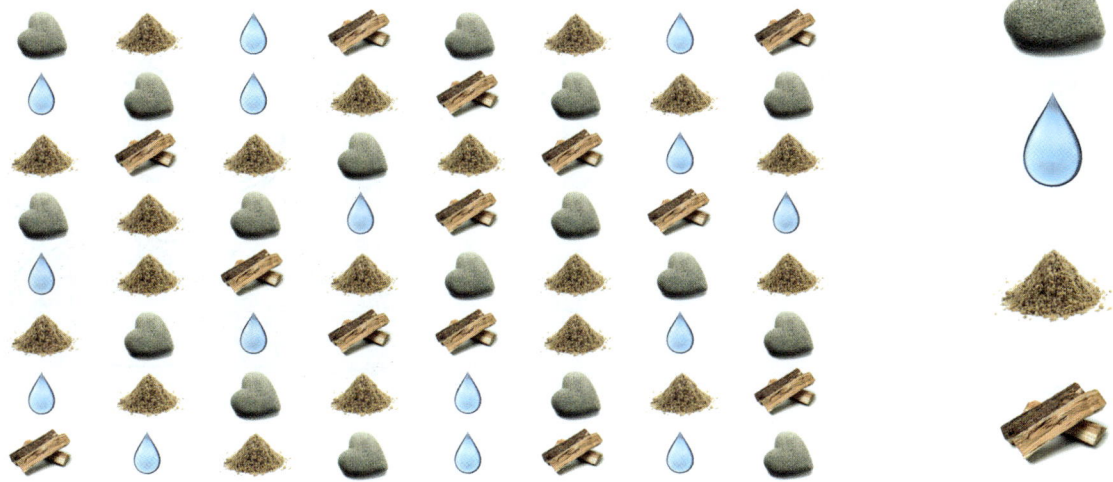

.... veces.

.... veces.

.... veces.

.... veces.

¿Te adelantas al texto?

Lee este texto en voz alta sustituyendo los números por las palabras correspondientes.

1. serpiente

2. miel

3. sombra

4. pies

5. caza

Cada jornada de (**5**) debe acabar con una cena y una (**9**) colectivas. Hay que dar gracias a la Gran (**1**) Blanca por todos sus dones. En la fiesta, los (**7**) toman el jugo-de- (**2**)-blanca, que fermenta durante (**10**) en bolsas puestas a la (**3**). Los niños observan que ese (**6**) alegra los corazones y ahuyenta el (**8**), así que tras la cena hay bailes. Todos llevan sonajas en los (**4**).

6. jugo

7. adultos

8. cansancio

9. fiesta

10. semanas

Autoevaluación

¿Te adelantas al texto antes de pronunciarlo?

Valóralo del **1** al **10**

1 2 3 4 5 6 7 8 9 10

Solo con los ojos

Lee las palabras de cada columna de arriba abajo.

A la puerta de la choza que hace de almacén comunal	van depositándose las presas, bolsas con frutos y haces de leña,	y la gente pregunta cómo les ha ido, qué, han visto.

➡ **¿Qué dejan frente a la choza?** _____

Lee cada pareja de palabras fijando la vista en el punto.

puño ● mozo	peto ● cuento	oro ● honda
bolsa ● parte	fruto ● cielo	hilo ● cueva
piso ● oído	parte ● clavo	telar ● hoja
jamón ● puerta	historia ● ave	cuero ● parte

➡ **¿Qué palabra se repite tres veces?** _____

Busca las palabras que no se repiten y escríbelas.

noche	cueva	serpiente	pozo	canto	pozo
cazo	rama	canto	cría	gusano	noche
canto	serpiente	cazo	cueva	noche	canto
gusano	cazo	roca			

leña	cazador	desierto	poblado	piedra	caza
nieto	fuego	vestido	guijarro	loma	fuego
guijarro	desierto	leña	caza	nieto	poblado
piedra	veta	cazador			

Cómo hacer un reloj de sol

Lee con atención los pasos para hacer un reloj de sol y responde a las preguntas.

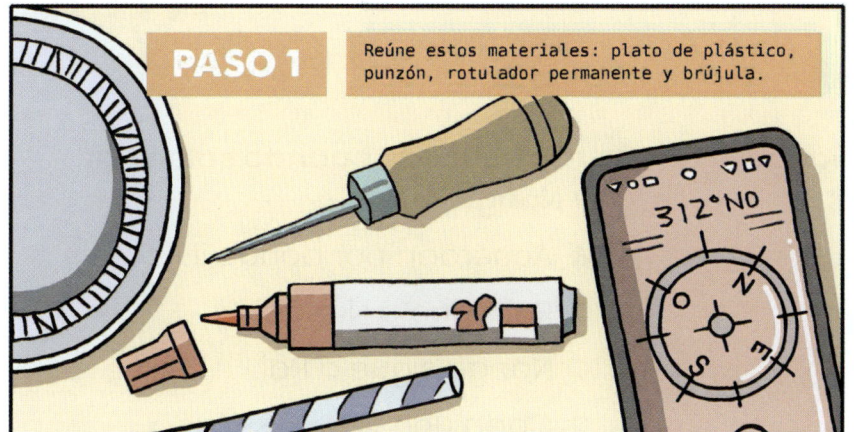

PASO 1 Reúne estos materiales: plato de plástico, punzón, rotulador permanente y brújula.

PASO 2 ¡con cuidado de no hacerte daño! Haz un agujero con el punzón justo en el centro del plato y mete la base de la pajita.

PASO 3 Un poco antes de las 12:00 horas, ve a un lugar donde dé el sol todo el día, para poder marcar todas las horas. Busca el Norte con la brújula e inclina la pajita hasta que esté en esa dirección.

PASO 4 A las 12:00 del mediodía marca dónde está la sombra en el borde del plato. Repite la operación cada hora y marca en el borde del plato dónde cae la sombra de la pajita.

➡ **Indica qué objetos se necesitan para construir un reloj de sol.**

☐ Rotulador   ☐ Pajita   ☐ Botella de plástico

☐ Plato de plástico   ☐ Brújula   ☐ Imán

☐ Cucharilla   ☐ Tijeras   ☐ Punzón

➡ **¿Crees que en un reloj de sol se marcarán las mismas horas en invierno que en verano?**

_____

➡ **¿Te parece útil saber hacer un reloj de sol? ¿Por qué?**

_____

¡Empezamos!

Lee los **capítulos 14** y **15** y, después, realiza las actividades.

➜ **¿Cómo reacciona el padre de Nanga cuando ella dice que va a salir?**

a Sonríe.

b La ignora.

c Llora.

d Tiembla.

➜ **¿Qué sucede cuando salen Rai y Nanga?**

a Acuerdan por dónde ir.

b Rai sigue a Nanga.

c Nanga sigue a Rai.

d Cada uno va por su lado.

➜ **¿Por qué Rai quiere aprenderse los caminos del desierto?**

a Para ser un hombre-agua.

b Para guiar a otros cazadores.

c Para hablar a los espíritus.

d Para enseñárselos a su abuela.

➜ **El espino de ramas rojas es una planta de...**

a agua.

b arena.

c sol.

d insectos.

➜ **Marca las afirmaciones que son verdaderas.**

☐ Rai está pendiente de encontrar una piedra-corazón.

☐ Durante el camino, Rai y Nanga conversan animadamente.

☐ Nanga se detiene y se aleja porque ha escuchado agua.

☐ Nanga y Rai viajan siempre hacia donde sale el sol.

☐ En Sal de Piedra no hay agua, pero sí la hubo.

☐ Rai y Nanga pasan la noche en una cueva.

➜ **Señala los dos nombres que se inventa Rai.**

☐ Dientes de Dingo.

☐ Laguna Seca.

☐ Cuenco Rojo.

☐ Cazuela de Fuego.

☐ Paso de Serpiente.

☐ Nido de escorpión.

➜ **¿Qué es el reflejo azul que ven Nanga y Rai? Si escarbaran allí, ¿qué encontrarían?**

_____

_____

Juega con las palabras

Busca cada palabra en la página indicada del libro. Lee el párrafo en el que está para deducir su significado.

➜ **Relaciona la palabra con los fragmentos que completan su definición.**

1 **sigilo** (página 64)

2 **escarbar** (página 64)

3 **provisiones** (página 65)

4 **erizada** (página 65)

5 **referencia** (página 65)

6 **altozano** (página 65)

7 **desolador** (página 65)

8 **monótono** (página 67)

9 **leyenda** (página 68)

10 **susurra** (página 71)

☐ Tipo de relato de

☐ Que tienen forma

☐ Invariable,

☐ Que produce

☐ Murmura,

☐ Remover y ahondar

☐ Silencio

☐ Cerro o monte

☐ Algo que sirve

☐ Alimentos

☐ de poca altura.

☐ tradición oral.

☐ que se llevan.

☐ para orientarse.

☐ la tierra.

☐ cauteloso.

☐ aburrido.

☐ mucha tristeza.

☐ de púas.

☐ cuchichea.

En espejo

Lee este texto en espejo y contesta a las preguntas.

A pesar de su edad, Nanga es razonable. Ha heredado el sentido común de su madre. Al rato, deciden regresar al poblado describiendo un arco amplio, formado por una sucesión de líneas rectas. Como Raï supondrá, duermen en el desierto. La mañana siguiente, a la salida del sol, emprenden viaje. La joven N'Wone enseña a su hermano pasos y caminos que él incorpora a su mapa, y de vez en cuando se tiende a escuchar.

➜ **¿Cómo es Nanga?** _____

➜ **¿Cómo es el camino de regreso?** _____

➜ **¿Cuándo emprenden el viaje?** _____

A ver si recuerdas

Señala las cinco palabras y las cinco oraciones que aparecen en el texto de la página anterior.

- ☐ abuela
- ☐ lunas
- ☐ trecho
- ☐ arco
- ☐ senda
- ☐ desierto
- ☐ mañana
- ☐ salida
- ☐ roca
- ☐ pasos
- ☐ agua

- ☐ frutales
- ☐ Ha heredado el sentido común de su madre.
- ☐ Nanga es muy alta para su edad.
- ☐ Como Rai suponía, duermen en el desierto.
- ☐ Caminan en círculos durante horas.
- ☐ La joven N'Wone enseña a su hermano pasos y caminos.
- ☐ A pesar de su edad, Nanga es razonable.
- ☐ El sol en lo alto es abrasador.
- ☐ Al rato, deciden regresar al poblado.
- ☐ La joven N'Wone se tumba para escuchar.
- ☐ La joven N'Wone enseña a su hermano pasos y caminos.

Sigue las pistas

Lee las pistas y averigua cuál es el pozo del poblado.

Pistas

Llegan tres hilos de agua.

Queda muy poca agua.

Es redondo.

Tiene barro en el fondo.

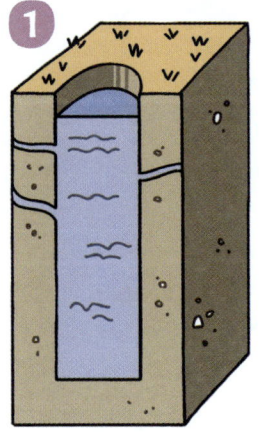
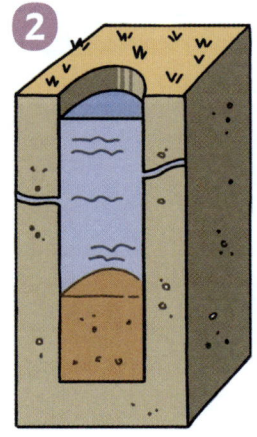
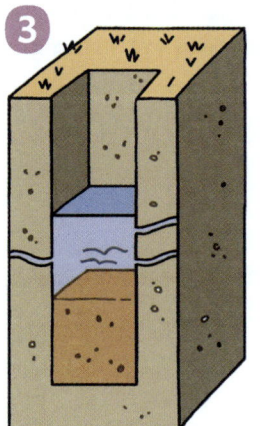
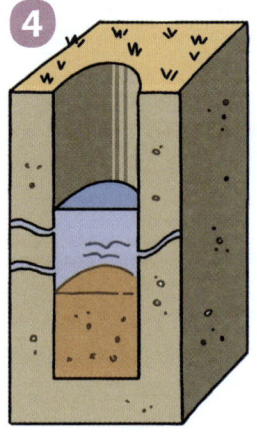
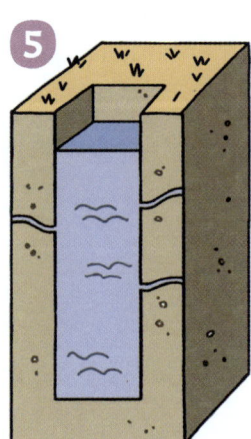

➡ El pozo del poblado es el número _____ .

Mensaje secreto

Escribe en cada espacio la letra que corresponda según esté a la izquierda (I) o a la derecha (D) de los números y lee el mensaje.

I		D
R	1	A
I	2	Y
N	3	G
T	4	V
E	5	S
L	6	D
O	7	P
B	8	U
F	9	C

1I 1D 2I   2D   3I 1D 3I 3D 1D   1D 4I 1I 1D 4D 2I 5I 5D 1D 3I

5I 6I   6D 5I 5D 2I 5I 1I 4I 7I ,   5D 7I 1I 4I 5I 1D 3I

7D 5I 6I 2I 3D 1I 7I 5D   7D 7I 1I   5I 6I   8I 2I 5I 3I

6D 5I 6I   7D 7I 8I 6I 1D 6D 7I   2D   7D 7I 1I

9I 2I 3I   5I 3I 9D 7I 3I 4I 1I 1D 1I 1D 3I   1D 3D 8D 1D .

¿Levantas la mirada?

Lee este texto en voz baja. Luego, vuelve a hacerlo en voz alta como si presentaras un programa de televisión.

→ **Alza los ojos cada vez que encuentres este signo ⊙.**

Rai observa la altura del sol ⊙. Con lo que llevan recorrido, tendrán que dormir en el desierto, ⊙ algo que no le importa. ⊙ Lo que lamenta ahora es no haber traído su diyeridú. ⊙ Sal de Piedra parece un horno ardiente. También podría llamarse Cazuela al Fuego, piensa Rai. ⊙ Pero reconoce que es bellísimo. ⊙ Azul como el cielo. ⊙

Bordean el antiguo lago y ascienden una colina que Nanga denomina Lomo de Jerbo, ⊙ un nombre más que añadir al mapa. ⊙ Arriba, divisan una extensión lisa. Parece piedra, pero es imposible saberlo, ⊙ porque una capa de polvo envuelve la llanura, hasta el horizonte. ⊙

Autoevaluación

Al leer, ¿diriges la **mirada** al público?

Valóralo del 1 al 10

1 2 3 4 5 6 7 8 9 10

Solo con los ojos

Lee las palabras de cada etiqueta de un solo golpe de vista.

De Cuenco Rojo   viajan a Dos Acacias,   de aquí a Oreja de

Wombat y de   ahí a Espina   de Lagarto. Son

perfiles, rocas o pequeñas   lomas que hay   que aprender a ver

y, sobre todo,   memorizar. Viajan   hacia donde sale   el sol, pero Rai nunca

sabe cuánto durará   el viaje. Llevan

agua y provisiones   para dos días. Quizá   duerman en el   desierto, o quizá no.

➡ ¿Para cuántos días llevan agua y provisiones? ....

Lee cada pareja de palabras fijando la vista en el punto.

palabra ● caza	espino ● suelo	diente ● paso
piedra ● salida	gesto ● rato	zona ● piedra
mapa ● sonido	vista ● caza	lago ● duna
rama ● araña	oreja ● loma	caza ● línea

➡ ¿Qué palabra se repite tres veces? ....

Escribe las palabras que se repiten en cada columna y el número de veces que lo hacen.

bata	bala	bola		polo	palo	polo		laca	loco	loro
bala	bola	bala		palo	pelo	palo		loro	loco	laca
bata	bala	bala		pelo	palo	palo		loco	loro	loco
bola	bata	bola		polo	palo	polo		loro	loco	laca
bata	bala	bata		palo	pelo	palo		laca	loro	laca

Cómo leer un mapa

Lee cómo se interpretan los mapas y responde a las preguntas.

Los mapas sirven conocer un territorio. Para que se entienda bien, un buen mapa debe tener las siguientes características:

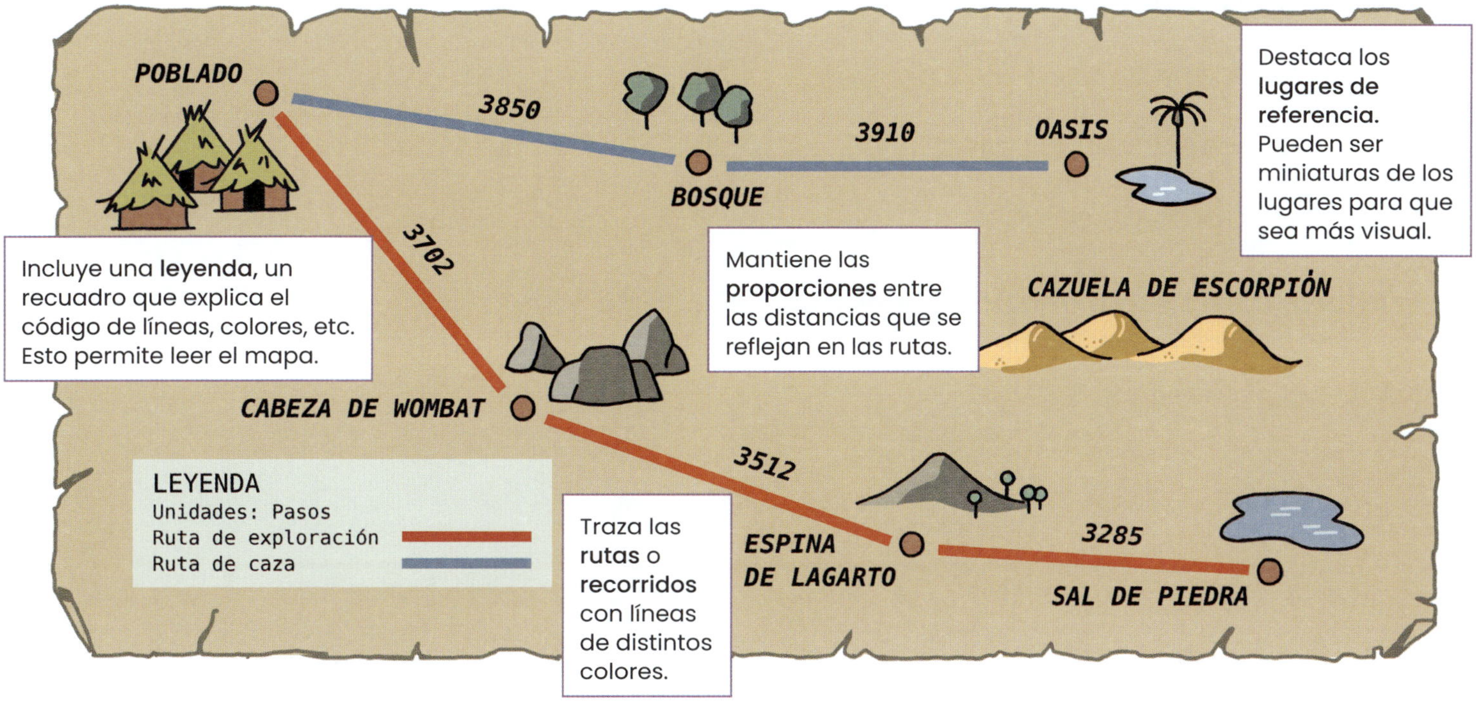

POBLADO

3850

BOSQUE

3910

OASIS

Destaca los **lugares de referencia**. Pueden ser miniaturas de los lugares para que sea más visual.

3702

CAZUELA DE ESCORPIÓN

Incluye una **leyenda**, un recuadro que explica el código de líneas, colores, etc. Esto permite leer el mapa.

Mantiene las **proporciones** entre las distancias que se reflejan en las rutas.

CABEZA DE WOMBAT

3512

LEYENDA
Unidades: Pasos
Ruta de exploración ▬▬▬
Ruta de caza ▬▬▬

Traza las **rutas** o recorridos con líneas de distintos colores.

ESPINA DE LAGARTO

3285

SAL DE PIEDRA

→ **Indica si las siguientes afirmaciones son verdaderas (V) o falsas (F).**

	V	F
1 En el mapa se representan solo el poblado y Lomo de Jerbo.	☐	☐
2 La unidad de medida del mapa son los pasos.	☐	☐
3 Las leyendas son miniaturas de los lugares más importantes.	☐	☐
4 Las rutas se marcan con líneas negras de puntos.	☐	☐
5 En los mapas hay que mantener siempre las proporciones.	☐	☐
6 No hay ninguna ruta que vaya a Cazuela de Escorpión.	☐	☐

→ **¿Cuántos pasos hay que dar para hacer la ruta de caza completa?**

3850 ☐   3512 ☐   7760 ☐   9210 ☐   9212 ☐   8150 ☐

→ **¿Cuántas rutas hay en el mapa? ¿Cómo se han representado?**

....

....

Organiza las ideas

Lee este texto.

> Algunas plantas del desierto son el liquen, el cactus y el espino rojo.

➡ **Identifica en este texto...**

- La idea central: ....

- Los conceptos principales: ....

- Las palabras de enlace: ....

➡ **Ahora, completa el mapa conceptual.**

```
              ┌─────────────────┐
              │                 │
              └─────────────────┘
                      │
                 .............
                      │
        ┌─────────────┼─────────────┐
   ┌─────────┐   ┌─────────┐   ┌─────────┐
   │         │   │         │   │         │
   └─────────┘   └─────────┘   └─────────┘
```

¡Y al revés!

➡ **Escribe el texto que corresponda a las palabras del mapa conceptual.**

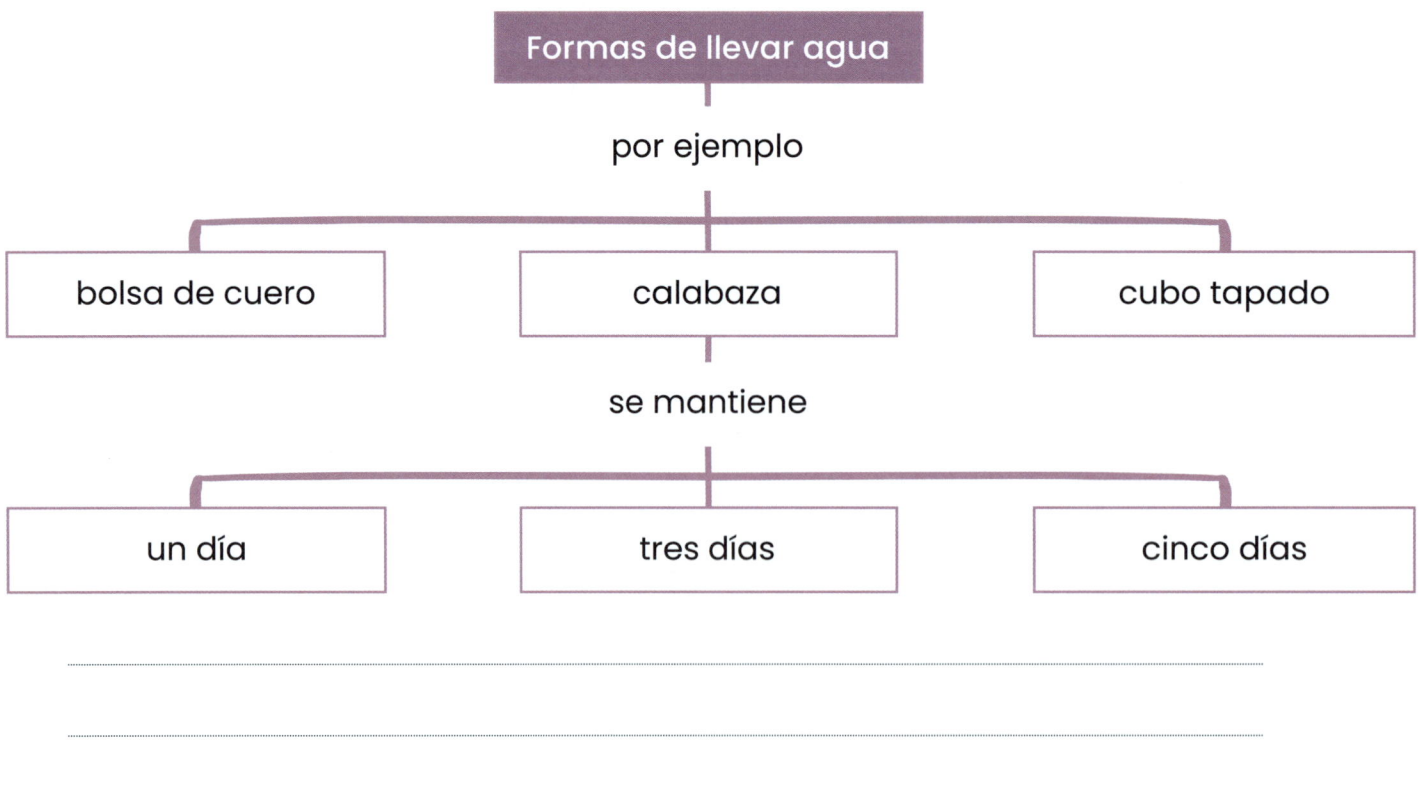

....

....

 El barro

**Presta mucha atención al texto que vas a escuchar.
Luego, realiza las actividades.**

El texto está en las páginas 46 a 48 del libro.

→ **¿Cómo han sido las tormentas?**

a Abundantes.

b Intermitentes.

c Secas.

d Ruidosas.

→ **La cuerda que tiran al pozo...**

a se rompe.

b cada vez es más corta.

c cada vez es más larga.

d acaba perdiéndose.

→ **¿Cuánto deben esperar para que los genios lloren de nuevo?**

a Un mes.

b Una o dos lunas llenas.

c Diez o doce lunas llenas.

d Una semana.

→ **¿Cuánto se tarda en llegar andando a otros poblados?**

a Al menos diez días.

b Al menos cinco días.

c Como mucho diez días.

d Como mucho cinco días.

→ **Señala las dos afirmaciones que son verdaderas.**

☐ La gente piensa que Nanga no sabrá encontrar agua.

☐ El pozo se llena con un solo hilo de agua.

☐ Sal de Piedra es un lugar parecido a un oasis.

☐ El padre de Nanga y Rai no los acompaña en el viaje.

☐ En algunas tormentas no ha caído agua.

→ **Numera del 1 al 4 estas situaciones según el orden en el que suceden.**

☐ Nanga le dice a Rai que vayan a Piedra de Sal.

☐ La abuela y Nanga se tumban a escuchar el agua.

☐ Rai y su padre preparan provisiones para el viaje.

☐ El padre le dice a Rai que hay barro en el pozo.

→ **¿Qué importancia tiene el barro?**

....

....

→ **Inventa un nuevo título para el texto que has escuchado.**

....

43

JUEGO 7

LEE EN SILENCIO

Puedes consultar el libro las veces que lo necesites

¡Empezamos!

Lee los **capítulos 16** y **17** y, después, realiza las actividades.

→ **¿Cuándo salen Rai y Nanga a Sal de Piedra?**

a Cuando se pone el sol.

b Cuando sale el sol.

c A mediodía.

→ **Los escorpiones y serpientes prefieren...**

a El sol.

b El agua.

c La noche.

→ **¿Dónde hacen su primer descanso?**

a En Cuenco Rojo.

b En Sal de Piedra.

c En Espina de Lagarto.

→ **¿Qué usa Rai para ahuyentar a las serpientes?**

a Semillas de girasol.

b Pequeñas Piedras.

c Semillas de pimentero.

→ **¿Cuándo piensa Nanga en su madre?**

a Cuando escucha el suelo.

b Cuando bebe agua.

c A todas horas.

→ **Por la noche, Rai tiene...**

a un sueño azul.

b una pesadilla gris.

c una pesadilla blanca.

→ **¿Cuántos sorbos de agua beben cada vez?**

a Uno.

b Dos.

c Tres.

→ **¿Qué comen para aplacar la sed?**

a Semillas.

b Carne seca.

c Pescado seco.

→ **¿De qué color es Sal de Piedra durante el día?**

a Azul.

b Verde.

c Blanco.

→ **¿Cómo descubren que se ha roto la bolsa de Rai?**

a Por el barro formado en las piernas.

b Porque la bolsa pesa mucho menos.

c Por el reguero de agua en la arena.

→ **En las leyendas todo acaba...**

a mal.

b regular.

c bien.

→ **¿Quién debe sobrevivir?**

a Rai.

b Nanga.

c El padre.

Juega con las palabras

Busca cada palabra en la página indicada del libro. Lee el párrafo en el que está para deducir su significado.

➜ **Escribe el número de cada palabra junto a su significado.**

1 **estrategia** (página 72)   ☐ Que es uniforme, sin variaciones.

2 **inmediaciones** (página 72)   ☐ Plan para llevar a cabo algo.

3 **pimentero** (página 74)   ☐ Cubierta o corteza exterior endurecida.

4 **imprudencia** (página 74)   ☐ Lugares próximos a otros.

5 **ráfaga** (página 75)   ☐ Llenas de durezas, endurecidas.

6 **añil** (página 77)   ☐ Arbusto cuyo fruto es la pimienta.

7 **costra** (página 77)   ☐ Falta de cautela o cuidado.

8 **encallecidas** (página 77)   ☐ Habilidad especial para hacer algo.

9 **monótono** (página 77)   ☐ Viento fuerte y de corta duración.

10 **don** (página 82)   ☐ Tipo de color azul oscuro.

➜ **Señala las oraciones en las que la palabra resaltada se usa correctamente**

☐ Los veleros llegaron ayer a la **costra** cuando bajó el oleaje.

☐ Sintió vergüenza cuando una **ráfaga** de viento le levantó la falda.

☐ Siglos atrás, se usaban **monótonos** en vez de gafas para ver bien.

☐ Mi **estrategia** para estar en forma es hacer ejercicio a diario.

➜ **Rodea el color añil.**

➜ **Elige una palabra de la actividad anterior de la que no conocías su significado o te parezca difícil. Escribe una oración con ella.**

Palabra: ....

Oración: ....

¿Qué falta?

➡ **Completa esta tabla con los verbos y los nombres que faltan.**

Nombres	Acciones
colador	
	dibujar
sonrisa	
	mirar
rima	
	retar
ducha	
	recorrer
pregunta	
	recordar

➡ **Elige cuatro palabras de las que has escrito en la tabla y escribe una oración con cada una.**

1 ....

2 ....

3 ....

4 ....

Palabras clave

Subraya las dos palabras del texto que te parezcan más importantes para resumirlo.

Pocas veces Rai y Nanga han hablado de la muerte de su madre. La vida en el desierto es dura. Ella se fue en uno de sus viajes, un día no volvió, la buscaron y la encontraron. No había cometido ninguna imprudencia, no tuvo un accidente, los escorpiones y las serpientes no la habían atacado. No había ninguna explicación a lo sucedido.

➡ **Escribe un resumen sin fijarte en el texto y usando las palabras elegidas.**

....

....

....

Mensaje secreto

Rodea aquello que no se repite.

¿Cómo es tu entonación?

Lee en voz alta las siguientes oraciones cada vez con una de las entonaciones propuestas.

pregunta • exclamación • enfado • grito • pena

- Atravesar la nube de polvo exige cruzar Sal de Piedra.
- El gran peligro del desierto está en quedarse sin agua.
- Los pies duelen, a pesar de la piel encallecida.
- Agotan el agua de Rai, tres sorbos para cada uno.
- Rai recuerda lo que les narraba la abuela.
- En las leyendas, las cosas siempre acaban bien.

Autoevaluación

¿Has **entonado** adecuadamente cada oración?

Valóralo del 1 al 10

1 2 3 4 5 6 7 8 9 10

Solo con los ojos

Lee las palabras de cada etiqueta de un solo golpe de vista.

Incluso a la sombra y   con los párpados   cerrados notan como   el sol golpea

como un mazo   la reseca piel del   desierto. De vez   en cuando, una

ráfaga de aire   caliente trae pequeñas   partículas de polvo.   Medio en

sueños, Rai piensa   que ese aire   viene de Sal de   Piedra, y tiene una

pesadilla gris: su   cuerpo yace   en mitad de   aquella sartén ardiente.

➜ **¿Qué sueña Rai?**

Lee cada pareja de palabras fijando la vista en el punto.

zumo ● oído	roca ● semilla	niño ● sueño
hora ● cuenco	viaje ● hijo	viento ● piel
viento ● espina	lago ● vacío	sorbo ● lomo
caldo ● sombra	cordel ● viento	tierra ● bolsa

➜ **¿Qué palabra está tres veces?**

¿Cuántas veces se repite la primera palabra de cada serie?

ramo	raso, rato, rama, ramo, ralo, rezo, remo, rima, rama, remo, romo, ramo, ralo, raso, rama, rana, ramo, rato, raso, romo, remo, ralo, rima, rato, rama, ramo, remo, rezo, rato, romo, remo, ralo, rima, raso, rato, rama.	
gota	gola, gala, gata, gota, goma, gama, gema, gala, gata, goma, gimo, gota, gozo, gola, gota, gata, gato, gota, gema, gala, goma, goza, gimo, gamo, gota, gata, gato, gama, gema, gala, gata, goma, gala, goma, goza, gimo.	
seso	sello, sebo, saco, soja, sota, seto, seco, seso, seda, seca, seta, sano, soja, saco, seco, saco, sota, seto, soja, seso, seco, seto, seta, seca, sana, sebo, soja, sota, seto, seco, seca, sana, sebo, saco, sota, seto, seco.	
loro	lobo, loco, lomo, loro, lodo, loto, loba, loma, lamo, limo, loco, loro, lobo, lona, loca, loba, losa, laca, lana, lama, loma, lomo, loco, lobo, loro, lodo, loro, loco, lodo, losa, loba, losa, laca, lana, lama, loma, lomo, loro, loco.	

Grandes desiertos

Lee esta información y responde a las preguntas.

Desierto de Mojave (EE. UU.)

En sus 124 000 km² está el Valle de la Muerte, donde se dan las temperaturas más altas de nuestro planeta (56,7 °C). Pese a esto, sigue habiendo fauna y flora que se han adaptado a esas condiciones.

Desierto de Atacama (Chile)

Es el lugar más seco de nuestro planeta. Tiene 105 000 km² y en algunas zonas no ha caído lluvia en los últimos 400 años.
En algunas salinas del desierto pueden encontrarse flamencos.

Desierto del Sáhara (norte de África)

Es el tercer desierto más grande del mundo (por detrás de los dos desiertos polares: el de la Antártida y el Ártico). Tiene 9,2 millones de km². Dentro, se encuentra una zona que se conoce como Desierto Blanco (en Egipto). Este desierto tiene 300 km² y se conoce por sus peculiares formaciones rocosas de tiza que dan color blanco al suelo y forman relieves con formas asombrosas.

➡ **Indica si las siguientes afirmaciones son verdaderas (V) o falsas (F).**

		V	F
1	El Desierto de Mojave tiene formaciones rocosas de tiza.	☐	☐
2	El Desierto del Sáhara es el tercero más grande del planeta.	☐	☐
3	El Desierto Blanco es una parte del desierto del Sáhara.	☐	☐
4	En el desierto de Atacama pueden encontrarse flamencos.	☐	☐

➡ **Numera del 1 al 4 los desiertos según su extensión, siendo 1 el más extenso.**

☐ Desierto Blanco (Egipto)   ☐ Desierto de Atacama (Chile)

☐ Desierto de Mojave (EE. UU.)   ☐ Desierto del Sáhara (norte de África)

➡ **Completa estas informaciones.**

Desierto más caluroso: _____

Desierto con más sequía: _____

➡ **¿Qué desierto te gustaría visitar? ¿Por qué? Coméntalo con toda la clase.**

_____

LEE EN SILENCIO

Puedes consultar el libro las veces que lo necesites

 **¡Empezamos!**

Lee los **capítulos 18, 19** y **20** y, después, realiza las actividades.

➡ **Rai piensa que Nanga es dura como...**
a un diyeridú.
b la arena del desierto.
c las rocas gigantes.
d las piedras de chispas.

➡ **¿Cuánta agua bebe Rai?**
a Una gota de agua.
b Un buche de agua.
c Dos buches de agua.
d Tres buches de agua.

➡ **¿Qué ven más allá de las rocas?**
a Una línea verde.
b Un mar de dunas.
c Un mar de rocas.
d Una línea azul.

➡ **¿Cuál es el color de la creación?**
a Blanco.
b Amarillo.
c Verde.
d Rojo.

➡ **Marca las afirmaciones que son verdaderas.**
☐ Nanga no bebe agua si no bebe también Rai.
☐ Los cantos del camino se transforman en pedruscos gruesos.
☐ Rai no tiene fuerzas para expandir las semillas del pimentero.
☐ Nanga queda atrapada en unas arenas movedizas.
☐ Los seres humanos se crearon después de plantas y animales.

➡ **Numera del 1 al 4 estas situaciones según el orden en el que suceden.**
☐ Nanga descubre que puede haber agua más adelante.
☐ Rai empieza a buscar las huellas de Nanga.
☐ Rai se sube a una acacia para buscar a Nanga.
☐ Llegan a una acacia y descansan allí.

➡ **¿Cómo son los eucaliptos?**

_____

_____

_____

Juega con las palabras

Ordena las sílabas y forma palabras.

tos can	chal can	ca cia a	go res pin	num bra pe	cos e
(página 84)	(página 85)	(página 85)	(página 89)	(página 89)	(página 92)

➡ **Busca cada palabra anterior en la página indicada del libro y lee el párrafo en el que está para deducir su significado.**

- Repeticiones de un sonido en lugares con obstáculos _____
- Sitio que está cubierto de piedras y rocas. _____
- Tipo de árbol que crece en zonas secas. _____
- Tipo de piedras pequeñas y redondas. _____
- Sacudida del cuerpo que se da por un sobresalto. _____
- Sombra débil cuando hay poca luz y poca oscuridad. _____

Texto partido

Lee este texto que se ha cortado.

El bosque de eucaliptos no es extenso. Sus gritos solo provocan que los pájaros huyan asustados de sus ramas. Rai piensa que le gustaría ser un pájaro para planear y recorrer el desierto. Desde lo alto, en algún sitio, podría ver a Nanga. ¿Por dónde andará?

El sol se ve rojo a poca altura del horizonte, la noche está a punto de caer. En la oscuridad será más difícil encontrar a su hermana viajera.

De pronto da un respingo: ¡Se ha equivocado!

Rai se maldice por su torpeza: un cazador, un rastreador, no se deja llevar por suposiciones, sino por indicios, por huellas.

A ver si recuerdas

Vuelve a leer el texto de la actividad anterior y contesta.

- ¿Cómo es el bosque de eucaliptos? _____
- ¿Qué les pasa a los pájaros? _____
- ¿Qué le gustaría ser a Rai? _____
- ¿Qué le ha pasado a Rai? _____
- ¿Qué debe hacer un cazador? _____

Rodea las palabras que no estaban en el texto de la actividad anterior.

araña	pájaros	cúpula	añil	horizonte	noche
ramas	hojas	arena	sol	respingo	rastreador	piel
torpeza	huellas	sonrisa	pelo	palo	oscuridad	pulgar

Un recorrido

Sitúate en el punto de salida y avanza el número de cuadros en la dirección que se indica.

1	5 cuadros hacia el ESTE
2	2 cuadros hacia el NORTE
3	4 cuadros hacia el OESTE
4	3 cuadros hacia el NORTE
5	4 cuadros hacia el ESTE
6	3 cuadros hacia el NORTE
7	1 cuadros hacia el OESTE
8	2 cuadros hacia el NORTE
9	3 cuadros hacia el OESTE
10	3 cuadros hacia el NORTE

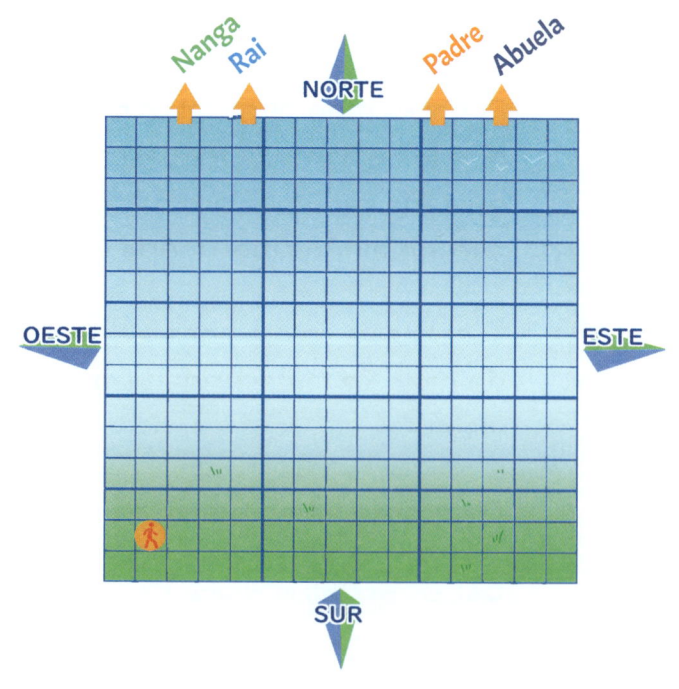

¿A quién te has encontrado? _____

¡Mucha atención!

Fíjate en el primer cuadro.

➡ **Escribe el número de lo que falta en los siguientes recuadros.**

¿Cómo lees?

Lee este texto subiendo o bajando la entonación en la dirección que indique cada flecha.

El Gran Espíritu soñó con el fuego, ↑ y el fuego soñó con la tierra, ↓ y la tierra soñó con el agua, ↑ y el agua soñó con la lluvia, ↓ y la lluvia soñó con el aire, ↑ y el aire soñó con el águila, ↑ y el águila soñó con la tortuga, y la tortuga soñó con la zarigüeya, ↓ y la zarigüeya soñó con el canguro, ↑ y el canguro, ↑ con el lagarto (...) y luego les llegó el turno a los pájaros, ↓ a los arbustos y a los árboles, ↓ y cuando estuvieron juntos los animales y las plantas, ↓ entre todos soñaron con los hombres, ↓ que vieron todas las obras de la creación y fueron dotados con la palabra, ↑ la música y el canto.

Autoevaluación

¿Has usado bien la **intensidad** y el **volumen** indicados para leer el texto?

Valóralo del 1 al 10 1 2 3 4 5 6 7 8 9 10

Solo con los ojos

Lee el texto intentando abarcar cada línea en un solo golpe de vista.

> Los cantos
> redondeados se
> van transformando en
> pedruscos gruesos como
> cráneos de animales gigantescos,
> que luego vienen acompañados
> por sus enormes lomos,
> tan altos que no pueden
> ver lo que sigue
> a continuación.

➡ **¿En qué se transforman los cantos rodados?** _____

Lee cada pareja de palabras fijando la vista en el punto.

arena	●	tiempo	piedra	●	cabeza	fuerzas	●	rastro
madre	●	cantos	labios	●	verde	tiempo	●	lago
derecha	●	chispas	hierbas	●	tiempo	sueño	●	sorbos
lomos	●	energía	camino	●	indicios	buche	●	río

➡ **¿Qué palabra se repite tres veces?** _____

¿Cuántas veces se repite la primera palabra de cada serie?

bra	barba, blanco, alabanza, balón, abrazo, base, costumbre, obra, brasero, barbudo, fibra, sombra, ballena, cabra, cobra, bate, abandono, alfombra.	⬭
bre	posible, beca, abeja, bélico, belga, nombre, beso, cabello libre, bellota, bebida, rebelde, bebedero, concibe, brebaje, betún, mimbre, obrero.	⬭
bri	bidón, membrillo, abismo, débil, cabina, billete, sobrino, brillo, bebida, árbitro, abrigo, binario, birria, colibrí, exhibición, hábil, flexibilidad, hábito.	⬭
bro	libro, bruja, broma, boniato, brote, bonito, abono, bocina, bolo, boca, boreal, sabroso, tenebroso, bodega, abrumador, abogado, bruto, broche.	⬭

Viaje al Sáhara

Lee el siguiente folleto de viaje y realiza las actividades.

VIAJE POR EL DESIERTO DEL SÁHARA

Día 1

- **Marrakech.** Noche en una habitación con vistas a la ciudad y desayuno típico marroquí.
- **Visita al ksar (castillo).** Situado en el desierto y declarado Patrimonio de la Humanidad por la UNESCO. Allí se han rodado películas, como *La Momia*.
- **Valle del Dades.** Excursión para conocer unas formaciones rocosas muy curiosas conocidas como «dedos del mono». Noche en haimas.

Día 2

- **Desayuno** típico contemplando el amanecer.
- **Ouarzazate.** Ciudad considerada la meca del cine marroquí, donde se visitará el museo dedicado a este arte.
- **Visita a varios pueblos bereberes.** Una oportunidad de conocer las costumbres de este pueblo y de hacerse sus famosos tatuajes de henna contra el mal de ojo.
- **Regreso al hotel.**

> Precio del viaje por persona (no incluye los billetes de avión):
> ## 400 €

➜ **Señala las afirmaciones que son verdaderas.**

1. Todas las noches se duerme en el hotel de Marrakech. ☐
2. En la ciudad de Ouarzazate se rodó *La Momia*. ☐
3. Se visita un ksar que es Patrimonio de la Humanidad. ☐
4. Se visita un museo de cine en Aït Ben Haddou. ☐
5. Los bereberes se tatúan con henna para evitar el mal de ojo. ☐

➜ **¿Qué no incluye el precio del viaje?**

....

➜ **De todos los lugares que se visitan, ¿cuál te gustaría ver primero? Coméntalo con toda la clase.**

....

JUEGO 9

LEE EN SILENCIO

Puedes consultar el libro las veces que lo necesites

¡Empezamos!

Lee los **capítulos 21, 22 y 23**, después, señala si estas afirmaciones son verdaderas (V) o falsas (F).

	V	**F**
1 Rai se queda atrapado dentro de una pesadilla.	☐	☐
2 Rai oye al despertarse un sonido como *bum... bum.*	☐	☐
3 Cuando Rai baja por Piedra Lisa ve unos pocos eucaliptos.	☐	☐
4 En los árboles cercanos al río se oyen muchos pájaros.	☐	☐
5 Los ríos son algo que aparece en las leyendas antiguas.	☐	☐
6 El cauce del río tiene el ancho de cinco hombres.	☐	☐
7 Nanga se mete en el río con la ropa puesta.	☐	☐
8 Nanga parece disfrutar dentro del agua y se sumerge en ella.	☐	☐
9 Rai se sorprende porque el agua del río no se filtra en la arena.	☐	☐
10 Nanga escuchó el agua cuando estaba en Piedra Lisa.	☐	☐

➡ **Relaciona con flechas cada personaje con lo que dice.**

- ● ¡Ven, deprisa, baja...!

Nanga ●
- ● Toda la montaña está llena de hilos así.
- ● ¿Y el agua no se filtra bajo la arena?
- ● ¿Qué crees que dirá la abuela cuando vea toda esta agua?

Rai ●
- ● ¿Esta agua no se acaba nunca?
- ● ¿Recordarás el mapa?

➡ **¿Qué cosas lleva Rai encima?**

☐ La vejiga de agua de Nanga.　　☐ Un palo largo.　　☐ Un cuchillo.

☐ Un arco.　　☐ Un saco de semillas.　　☐ Unas cuerdas.

☐ Un tenedor.　　☐ Varias flechas.　　☐ Una vejiga de agua rota.

Juega con las palabras

Busca cada palabra en la página indicada del libro. Lee el párrafo en el que está para deducir su significado.

➡ **Escribe el número de cada palabra junto a su significado.**

1 **gañido** (página 95) ☐ Que permite llegar o acceder a un lugar.

2 **soldados** (página 95) ☐ Quejido de dolor algunos animales.

3 **rumor** (página 97) ☐ Que están unidos sólidamente.

4 **alelado** (página 97) ☐ Nudo que se deshace tirando de un extremo.

5 **cauce** (página 97) ☐ Porción de materia extendida y de poco grosor.

6 **lazada** (página 99) ☐ Zona menos ancha que lo que le rodea.

7 **faldellín** (página 99) ☐ Ruido lejano y que no se distingue bien.

8 **accesible** (página 101) ☐ Que se queda pasmado, sin reaccionar.

9 **lámina** (página 105) ☐ Prenda que cubre desde la cintura hasta arriba de los muslos.

10 **estrechamiento** (página 105) ☐ Lugar por el que corren las aguas de un río.

➡ **Señala las oraciones en las que la palabra resaltada se usa correctamente**

☐ Han puesto un semáforo en ese **cauce** de coches.

☐ El **estrechamiento** de la cueva impide seguir caminando.

☐ Tarzán llevaba un **faldellín** para ir por la selva.

☐ Deja de enfadarte y dar **gañidos** a todas horas.

☐ Siempre me ato las zapatillas haciendo una **lazada.**

☐ Siempre está de buen **rumor** y con una sonrisa en la boca.

➡ **Elige dos palabras del ejercicio anterior de las que no conocías su significado o te parezcan difíciles. Escribe una oración con cada una.**

Palabra: ....

Oración: ....

Palabra: ....

Oración: ....

Al completo

Completa el texto escribiendo los números correspondientes a las palabras que faltan.

1. árboles de sombra
2. más grandes
3. leyendas antiguas
4. paredes de roca

5. hasta ahora
6. los eucaliptos
7. el ancho de
8. un riachuelo

Rai nunca ha visto un río, ni siquiera ☐ como ese. Los ríos son algo que aparece en las ☐, las que narra su abuela, pero él no ha visto ☐ un río de verdad. Ese debe de ser de los ☐. El cauce tiene ☐ dos hombres, discurre lamiendo las ☐ que hay bajo sus pies y al otro lado se ven ☐ que no son tan altos como ☐, pero sí mucho más frondosos.

Sigue las pistas

Lee las pistas y averigua qué río es el que encuentra Nanga.

Pistas

Sus aguas están calmadas.

Tiene bastante caudal.

Tiene arena en las orillas.

Hay un arbusto en la orilla derecha.

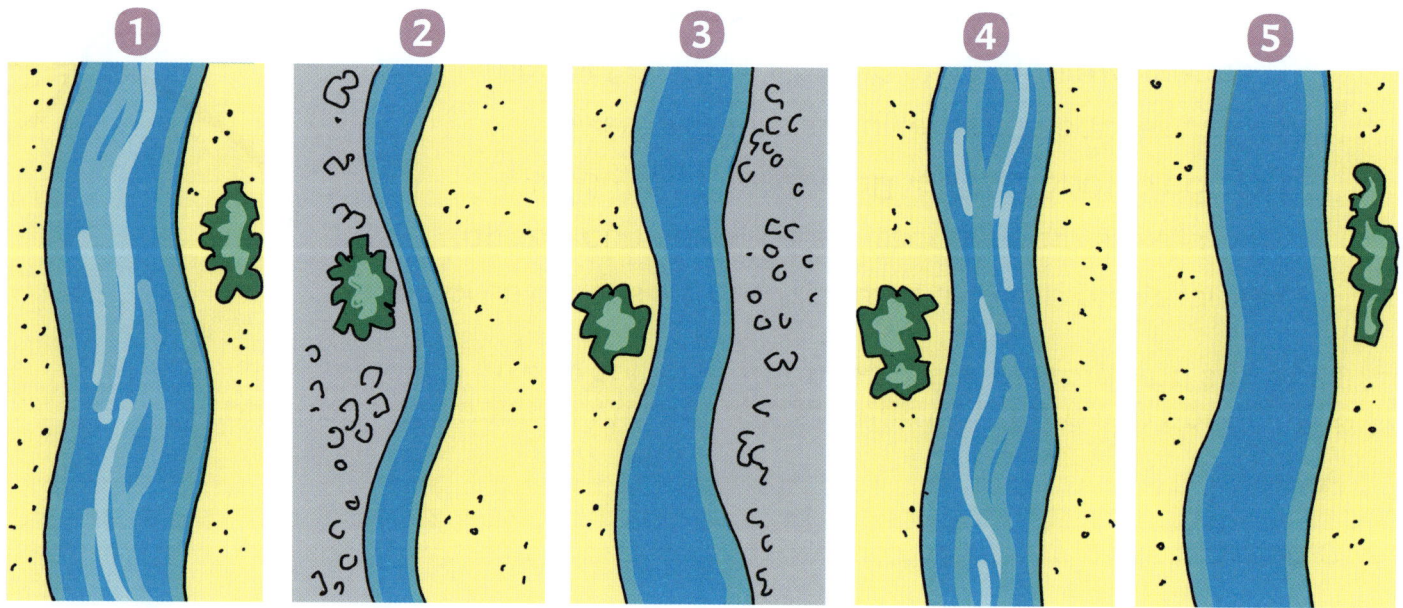

➡ **El río que encuentra Nanga es el número:** _____ .

Solo con los ojos

Cuenta las palabras en las que aparecen los grupos de letras que se indican.

nombre   cacerola   **costurero**   **estantería**   **acero**

árbol   combar   asombrado   **impedimento**   monóculo

cabra   cereza   **cereal**   **campana**

cazador   alegre   **complicar**   mariposa

azada   arboleda   **plástico**   tumbar   colgajo

ZA: ....   CE: ....   MB: ....   MP: ....

¡Os toca!

Preparad este texto para leerlo en voz alta por parejas.

> ¡Recordad las habilidades que habéis trabajado!

Rai	Al principio, pensé que me encontraba dentro de una pesadilla gris.
Nanga	Pero yo te estaba llamando.
Rai	Ya, cuando te escuché y vi el agua, entonces creí que era un sueño amarillo.
Nanga	En realidad, el río se creó en un sueño amarillo. Por eso te dije que te metieras. No podía ser malo.
Rai	No sabía qué podía pasar. Siempre he saltado sobre rocas y arena...
Nanga	Pero estás aprendiendo a ser cazador y los cazadores se enfrentan a cosas nuevas.
Rai	Y también son prudentes. Por eso esperé a entrar. Aunque el agua es la vida, tanta puede ser peligrosa.

→ Ahora, volved a leer el diálogo cambiando de personaje.

Autoevaluación

Evalúa las **habilidades lectoras** representadas en la tabla.

Valóralo del 1 al 10   1 2 3 4 5 6 7 8 9 10

Postura ☐	Mirada ☐	Velocidad ☐	Entonación ☐	Volumen ☐

Solo con los ojos

Lee las palabras de cada etiqueta de un solo golpe de vista.

Rai piensa en   la abuela, pero   también recuerda a   su madre, las   dos N'Wone

del   poblado. Quizá   nunca llegaron a   imaginar un lugar   como este. Ellas

buscaban pozos. No   hay todavía   una palabra para   las buscadoras-de-

ríos.   Nanga es   ahora una Buscadora   de Ríos.

➡ **¿Por qué no existe aún una palabra?**

....

Lee las palabras varias veces fijando la vista en el punto.

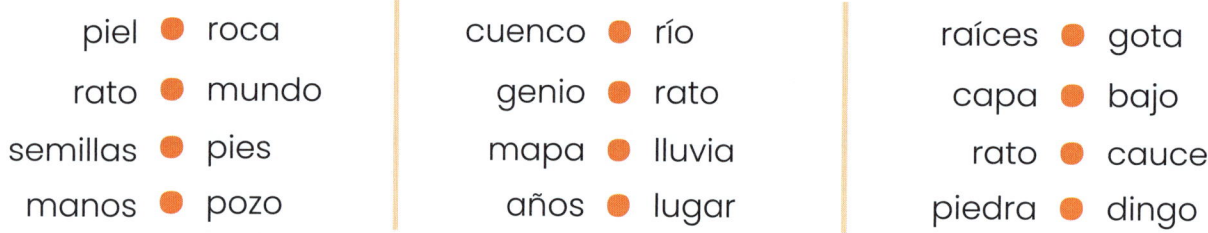

piel ● roca	cuenco ● río	raíces ● gota
rato ● mundo	genio ● rato	capa ● bajo
semillas ● pies	mapa ● lluvia	rato ● cauce
manos ● pozo	años ● lugar	piedra ● dingo

Busca en la columna las soluciones

clase	572
siesta	471
antílope	628
lugar	703
acacia	204
sueño	897
loma	314
piedra	596
riachuelo	663
cuenco	285
sorpresa	573
verde	918
escorpión	375
pesadilla	694
cauce	309
canto	481
sonido	127
eucaliptos	784

● Escribe el número que corresponde a cada palabra.

antílope: ....   verde: ....

sueño: ....   cauce: ....

riachuelo: ....   sonido: ....

● Escribe la palabra que corresponde a cada número.

471: ....   918: ....

204: ....   481: ....

596: ....   703: ....

Consejos para ir por el desierto

Lee con atención estos consejos y contesta a las preguntas.

Cuando se viaja por el desierto, es muy importante ir bien preparado, pues las distancias son muy largas, la comunicación no es buena y las condiciones climáticas son muy duras.

- **¿Cómo vestirse?** Los tuareg (los nómadas que viajan por estos lugares) se envuelven completamente con telas oscuras porque es la mejor forma de evitar los rayos ultravioletas del sol. También conviene llevar calzado cerrado para que no entre la arena.

- **¿Qué tomar?** Conviene siempre llevar una cantimplora o vejiga con agua, que debe dosificarse para que dure en los largos trayectos del desierto. También se suele masticar carne seca, pues, al estar dura, se puede masticar durante mucho tiempo antes de tragarla, se genera saliva y aplaca la sed.

- **¿Cómo orientarse?** En medio del desierto no hay cobertura ni redes de telefonía móvil, por lo que conviene llevar siempre un mapa, una brújula, y un reloj de pulsera.

→ **Indica si las siguientes afirmaciones son verdaderas (V) o falsas (F):**

1 Los nómadas del desierto se llaman bereberes. ☐

2 Los nómadas del desierto se envuelven todo el cuerpo con tela blanca. ☐

3 La carne seca genera mucha saliva y aplaca la sed. ☐

4 Para orientarte por el desierto puedes usar una app del móvil. ☐

5 En el desierto conviene beber el agua poco a poco para dosificarla. ☐

→ **Explica por qué es importante viajar bien preparado por el desierto.**

....

....

→ **Explica cuáles son las ventajas de usar ropa oscura en el desierto.**

....

Organiza las ideas

Lee este texto.

> Los mapas del mundo pueden ser de diferentes tipos, según lo que se muestra en ellos. Los mapas políticos muestran los diferentes países, los mapas geográficos muestran los elementos físicos (ríos, montañas, mares...), los mapas climáticos muestran los tipos de climas que hay en cada país y los mapas meteorológicos muestran el tiempo que va a hacer.

➡ **Identifica en este texto...**

- La idea central: _____

- Los conceptos principales: _____

- Otros conceptos: _____

- Las palabras de enlace: _____

➡ **Ahora, completa el mapa conceptual.**

¡Y al revés!

➡ **Leyendo solo el mapa conceptual, intenta reconstruir el texto con tus palabras.**

_____

_____

_____

➡ **Por último, cuéntaselo al resto de la clase.**

Deshaciendo el mapa

**Presta atención al texto que vas a escuchar.
Luego, responde a las preguntas.**

El texto está en las páginas 107 y 108 del libro.

→ **¿Cuántas veces cruza el río Rai?**

a Una.

b Dos.

c Tres.

→ **A Rai, la sensación del agua helada...**

a le encanta

b le da miedo.

c no sabe si le gusta o no.

→ **¿Hasta dónde le llega el agua a Rai?**

a Hasta los tobillos.

b Hasta las rodillas.

c Hasta el ombligo.

→ **¿Cómo camina Nanga de Regreso?**

a Preocupada.

b Relajada.

c Desorientada.

→ **Marca las afirmaciones que son verdaderas.**

☐ La madre de Nanga y Rai puso el nombre de Cuenco Rojo.

☐ La madre sonreirá satisfecha desde la Gran Serpiente Blanca.

☐ Nanga se encarga de dar nombre al río y las tierras descubiertas.

☐ Nanga y Rai dibujan un mapa del camino recorrido.

→ **Numera del 1 al 4 estas situaciones según el orden en el que suceden.**

☐ Rai decide qué camino deben tomar de regreso.

☐ Rai se mete en el riachuelo de agua helada.

☐ Nanga disfruta del mundo como si estuviera recién creado.

☐ Rai recoge provisiones para el viaje de regreso.

→ **Marca las provisiones que consigue Rai.**

☐ Un pájaro.

☐ Un wombat.

☐ Varias semillas.

☐ Un lagarto.

☐ Varias raíces.

☐ Varios frutos.

→ **¿Quién se encarga de hacer el mapa del agua? ¿Quién lo deshace?**

....

→ **Inventa un nuevo título para el texto que has escuchado.**

....

En la realización de esta obra han intervenido:

Asesoría
Eva Ariza Trinidad

Edición
Amparo Moreno Gullón y Milagrosa Galbete Goyena

Maquetación
Carlos Murillo Muñoz

Diseño gráfico
Cristóbal Gutiérrez Camacho y Antonio Sereno Recio

Ilustración
Tomás Ferrer García

Fotografía
123RF y colaboradores e iStock

Los **audios** para «Escucho y Comprendo» (páginas 23, 43 y 63) están disponibles en

Las actividades de este cuaderno, que se basan en el libro *Los mapas del agua,* de Ricardo Gómez, publicado por el Grupo Anaya, están elaborados de acuerdo con los criterios psicopedagógicos y los requerimientos del Proyecto Editorial de Juegos de Lectura - Lectura Eficaz.

La denominación **Juegos de Lectura - Lectura Eficaz** (distintivo con gráfico) está registrada a nombre de Grupo Editorial Bruño, S. L. (marca M1567099).

© del texto: Grupo Editorial Bruño, S. L., 2025
© de esta edición: Grupo Editorial Bruño, S. L., 2025
      Valentín Beato, 21
      28037 Madrid

ISBN: 978-84-696-3594-0
Depósito legal: M-839-2025

Printed in Spain